アメリカンベーキング教室

「just baked!」の アメリカンパイ

中村紫乃

アメリカのパイは、とても自由!

アメリカを訪れたら、絶対に食べてほしいもののひとつがパイ。

アメリカのお菓子は大味で甘すぎる、と思われがちですが、けっしてそんなことはなく、特にりんごや桃、プラムなど、季節のフルーツを焼き込んだパイは、素材を生かしたジューシーなおいしさ。

ちょっぴり焦げていたり、フィリングがあふれ出ていたり、形がふぞろいだったり。無骨でおおらかな風貌も、むしろアメリカンパイの魅力です。

家庭でも、そのときどきでくだものが酸っぱかったり甘かったり、焼き上がる形が違ったり、毎回同じ仕上がりでないことにおもしろさを感じつつ、気軽にパイ作りを楽しんでいただけたらと思っています。

本書で紹介しているパイ生地は、アメリカで一般的な、折り込みいらずの手軽なタイプ。材料を混ぜて、流して、焼くだけのパイもたくさんあります。そして、少しの工夫でぐんとおいしく、見栄えもよくなるコツもお伝えしています。

くだもの、クリーム、ナッツ、チョコ、和の食材、塩味系と、この一冊にアメリカンパイをまるごと詰め込みました。きっと、作ってみたいパイがあるはず。あなたのパイに出合えますように。

中村紫乃

Contents

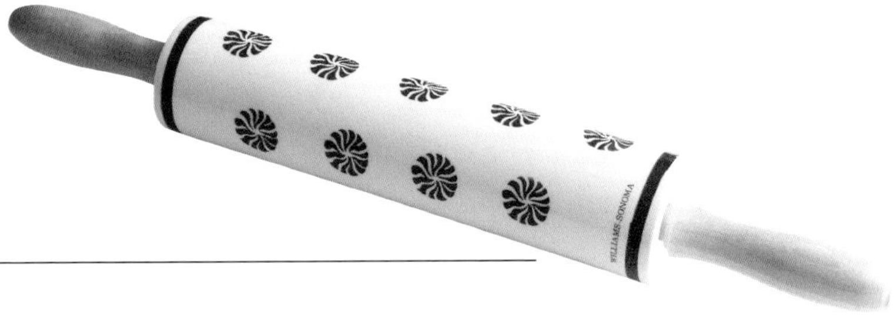

（本書の決まり）

・小さじ1は5mℓ、大さじ1は15mℓです。

・薄力粉や砂糖など、おもな材料についてはp.86～87で紹介しています。

・アップルパイのりんごについてはp.14で紹介しています。

・オーブンはガスオーブンを使用しました。焼き時間は目安です。
機種や使用年数によって異なりますので、様子を見て加減してください。

3 伝統から流行まで アメリカで出合えるパイ

4 イベントを盛り上げる 季節のパイ

5 食事になる セイボリーなパイ

column

基本のパイ生地3種

本書では、おもに下記の3種類の生地を使用しました。
底だけにパイ生地を使う「シングルクラスト」のパイと、
上面もパイ生地で覆う「ダブルクラスト」のパイで、仕込む分量が異なります。
多めに作って、焼く前の生地を冷凍保存しておくこともできます。

1. パイ生地：ベーシック

フィリングの味がダイレクトに感じられるシンプルな生地。
ザクッとした食感で、しっかり塩味を感じます。

薄力粉	200g	160g	100g	80g
グラニュー糖	小さじ1	小さじ3/4	小さじ1/2	小さじ1/2弱
あら塩	小さじ1/2	2g	小さじ1/4	1g
バター（食塩不使用）	140g	110g	70g	55g
冷水	75g	60g	37g	30g

2. パイ生地：ミルキー

牛乳を加えた、ミルキーでマイルドな味わいの生地。
酢がグルテンを断ち切って、
サクサクとしたクロワッサンのような食感に。

薄力粉	200g	100g
グラニュー糖	小さじ1	小さじ1/2
あら塩	小さじ1/2	小さじ1/4
バター（食塩不使用）	120g	60g
牛乳	90g	45g
酢	大さじ1/2	小さじ3/4

3. パイ生地：リッチ

卵のコクと香りが加わった、
サブレのような風味の生地。
ベリーを使ったパイと好相性です。

薄力粉	140g
グラニュー糖	大さじ1/2
あら塩	小さじ1/2
バター（食塩不使用）	90g
卵黄	1個
牛乳	卵黄と合わせて60g

●パイ皿について

直径18㎝のパイ皿を使用しました。写真は熱伝導のよいブリキ製のもの。製菓材料店などで400円前後で購入できます。使用後は洗って水分をふき取り、オーブンの余熱などを利用してよく乾かすこと。くり返し使えますが、さびてきたり傷が多くなったら買い替えどきです。

・使用したおもな材料はp.86で紹介しています。

パイ生地の仕込み（3種とも共通）

1

バターや水分は冷蔵庫でしっかり冷やしておく。夏場は粉を冷やしておいてもよい（バターが溶け出さないように作業する）。

2

ボウルに薄力粉、グラニュー糖、あら塩を入れてカードでさっと混ぜる。

3

8㎜厚さに切ったバターを加え、全体に粉をまぶす。バターを重ね、カードで細切りにする。

4

バターを90度まわして向きを変え、カードで切り込み、みじん切りにする。

5 ボウルを両手で持って全体を大きくまわす。上にバターの大きな粒が上がってくるので、さらに切り込む。

6 バターがあずき大になったら水（または牛乳＋酢、または卵黄＋牛乳）を加え、カードで切るように混ぜる。

7 底にたまった粉を返すように切り混ぜ、粉けがなくなったらこぶしを押しつけて生地をまとめる（手のひらだと熱が伝わってしまうので、こぶしを使うこと）。

8 ラップに取り出し、空気を抜くようにねじって包む。冷蔵庫で30分以上休ませる（半日ほどおくと扱いやすくなる）。

フードプロセッサーで仕込む場合

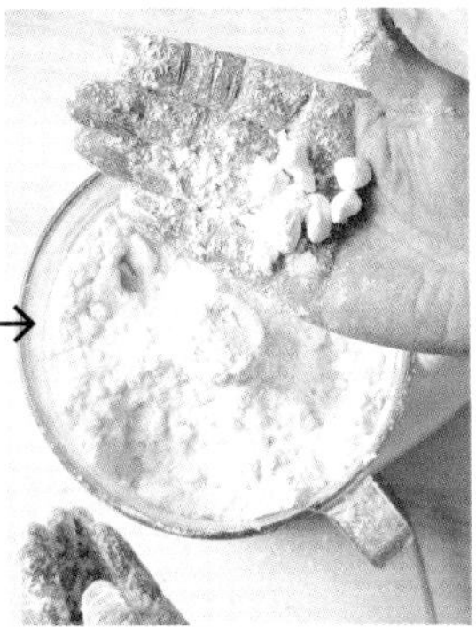

1 フードプロセッサーに薄力粉、グラニュー糖、あら塩を入れてさっと撹拌する。

2 1㎝厚さに切った冷たいバターを加え、スイッチのオンとオフを1秒くらいずつくり返し、バターの粒が1～1.5㎝大になるまでさらに撹拌する。

3 水（または牛乳＋酢、または卵黄＋牛乳）を加えて同様に撹拌し、水分が全体に行き渡ったら長くスイッチを押して生地をまとめる（最後、ゴゴッと音が変わるまでまわす）。

4 ラップに取り出し、空気を抜くようにねじって包む。冷蔵庫で30分以上休ませる（半日ほどおくと扱いやすくなる）。

パイ皿に敷き込む

休ませた生地は、めん棒を転がしてパイ皿よりひとまわり大きくのばす。作業中、生地がだれてきたら、いったん冷蔵庫に入れて休ませる。

パイ皿の底に沿わせるようにして生地を敷き込む。

はみ出た生地は、外側に折り込んでパイ皿のふちにのせる（パイ皿からはみ出さないようにする）。ふちの生地を、好みの方法で成形する（→p.28参照）。

パイ生地の空焼き

フィリングを流し入れて焼き上げるパイや、クリームをのせて仕上げるパイは、
パイ皿に敷き込んだ生地を空焼きします。

空焼きの仕方

1 パイ底全体にフォークで穴をあける（パイ皿の底のラインにもぐるりと穴をあけるとよい）。

2 生地の上にオーブンシートを敷いて重石（タルトストーン）をのせ、天板ごと200℃に温めたオーブンで20〜25分焼く。

●フィリングを流し入れてから再びオーブンで焼く場合

シートごと重石を除き、200℃でさらに5〜7分、パイ底がうっすら色づくまで焼く。

例）
フージアー シュガークリームパイ→p.48
レモンラベンダーチェスパイ→p.56
シューフライパイ→p.58
抹茶カスタードパイ→p.60
黒ごまハニーパイ→p.60
パンプキンパイ→p.64
メープルピーカンパイ→p.66
メキシカンチョコファッジパイ→p.68
南部のトマトパイ→p.80

●そのままクリームなどで仕上げる場合

シートごと重石を除き、200℃でさらに7〜10分、パイが全体にきつね色になるまで様子を見ながら焼く（焼ききる）。

例）
バナナ&ストロベリー
　プディングパイ→p.32
レモンメレンゲパイ→p.50

・生地の厚さや種類（「ベーシック」よりも牛乳入りの「ミルキー」や「リッチ」のほうが色づきやすい）によって色づき方が異なるので、様子を見ながら焼くこと。

●パイ生地の保存

パイ生地は、冷凍保存が可能。2〜3mm厚さにのばし、ラップでぴったり包んで冷凍庫へ。保存の目安は2〜3週間。複数枚ある場合は、間にオーブンシートを敷いて重ね、ラップで包みます。

●パイの保存とリベイク

焼き上がったパイは、その日のうちに食べるのがおすすめですが、1〜2日は冷蔵保存も可能。パイのリベイク（温め直し）は、オーブンで。予熱をせずに180〜200℃で7〜10分が目安です。

パイの王様 アップルパイ

1

英語には「as American as apple pie」という言いまわしがあります。
直訳すると「アップルパイみたいにアメリカン」、
つまり「とてもアメリカ的」という意味。
アップルパイはそれくらいアメリカを象徴する食べもの。
家庭の数だけレシピがありますが、りんごを煮ずに、
生のままパイ生地で包んで焼き上げるのが特徴です。
焼きたてに、アイスクリームやホイップクリームを添えてぜひ！

APPLE PIE

クラシックアップルパイ

→作り方はp.14

CLASSIC

APPLE PIE

パイ生地2枚でりんごを包む、
ダブルクラストのアップルパイ。
アメリカで、最も愛されているパイだと思います。
だからこそ、レシピもいろいろ。今回は、りんごに
レモン汁とグラニュー糖をからめて1時間おき、
水分を出してから焼くことで、生地がべちゃっと
するのを防ぎつつ、りんごのシャキッと感を残しました。
グラニュー糖は40gだとすっきり、
55gはしっかりとした甘さ。お好みでどうぞ。

クラシック アップルパイ

CLASSIC APPLE PIE

材料／直径18cmのパイ皿1台分

【パイ生地】
ベーシック（→p.6参照）……薄力粉200g分

【フィリング】
りんご……正味400g
レモン汁……小さじ1
グラニュー糖……40～55g
A
- シナモンパウダー（→p.87参照）……小さじ1/4
- ナツメグパウダー……少々
- 薄力粉……大さじ1/2

【仕上げ用】
B
- トッピングシュガー（→p.87参照）……大さじ1
- シナモンパウダー……小さじ1/8～

作り方

パイ生地を作る

1 パイ生地を仕込む（→p.7～参照）。
2 **1** を計量して190g分取り分け、めん棒を転がして直径24～25cmに丸くのばし、パイ皿に敷き込む（→p.9参照。ふちの生地ははみ出したままでよい）。残りの生地はふた用として、直径26～27cmに丸くのばす。それぞれラップをかけ、冷蔵庫で休ませる。

フィリングを作る

3 りんごは皮をむいて4つ切りにし、種と芯を除く。1.5cm厚さのくし形に切ってボウルに入れ、レモン汁とグラニュー糖をからめて常温で1時間ほどおく（**a**）。
4 網でこし、りんごから出てきた水分を鍋に入れて中火にかける。半量くらいまで煮詰め、そのまま冷ます（**b**）。
5 りんごをボウルに戻し入れ、A、**4** を加えて混ぜる。

成形する

6 **2** のパイ皿に **5** を山高にのせ、ふたになる生地をかぶせる（**c**）。端の2枚の生地を合わせて外側に折り込み、パイ皿のふちにのせる（**d**）。
7 ふちの生地を成形し（→p.28参照）、表面にはけで牛乳（分量外）を薄く塗り（**e**）、Bをまんべんなくふる。
8 上部に6か所ほどナイフで切り目を入れ、空気穴を作る（**f**）。
・切り込みを大きくしすぎると、焼成中にフィリングのジュースが流れ出るので注意。

焼成

9 天板ごと220℃に温めたオーブンで20分、210℃に下げて15分、200℃に下げてさらに15分ほど焼く。

アップルパイのりんご
アップルパイには、しっかり酸味があり、焼いても形が残るかための品種が向いています。手に入りやすい代表的な品種が紅玉。その他、グラニースミスやジャズなど、輸入りんごでも。酸味や甘さ、食感の異なるりんごをミックスして使ってもOKです。写真は、左上から時計まわりに紅玉、ジャズ、ロイヤルガラ、プリンス。

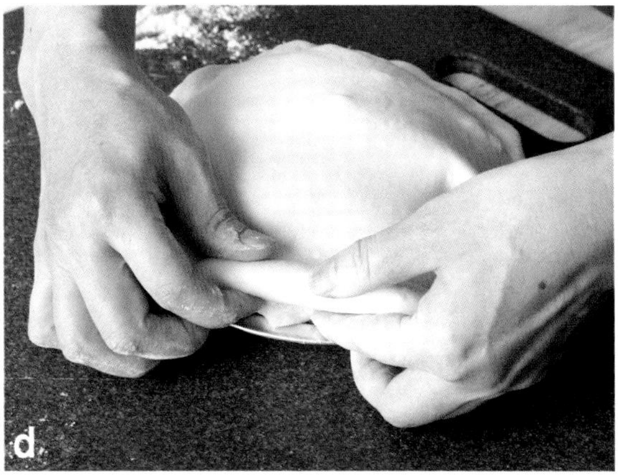

りんごの切り方

私はいちばん手早くできるこの方法がお気に入り。
もちろん、ナイフで皮をむいて4つ割りにし、V字に切って芯を除いてもかまいません。

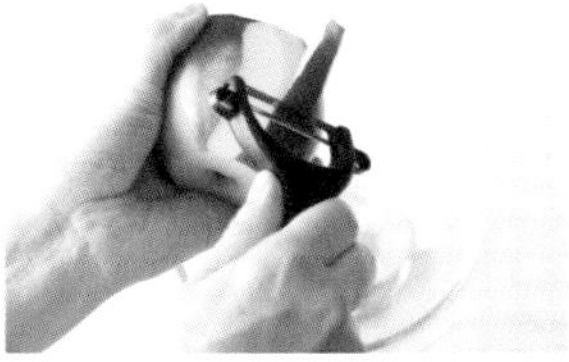

1 りんごは上下をナイフで薄く切り落とし、ピーラーで皮をむく。

2 4つ割りにし、芯の部分を斜めに切り落とす。

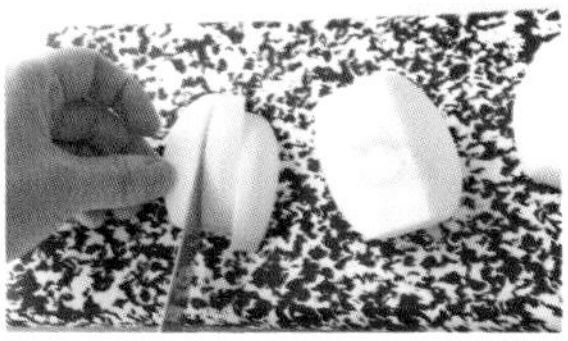

3 縦1.5㎝厚さに切る。

DUTCH APPLE PIE

ダッチアップルパイ

→作り方はp.18

サワークリームアップルパイ

→作り方はp.19

SOUR CREAM APPLE PIE

「ダッチ」とは「オランダの」という意味ですが、
これもアメリカの伝統的なアップルパイのひとつ。
オートミール入りのクランブルを
たっぷりのせて、ザクッと焼き上げます。
ここでは、パイ皿を使わないオープンパイにしてみました。
好みでホイップクリームやアイスクリームをのせてどうぞ。

ダッチ アップルパイ
DUTCH APPLE PIE

材料／直径20cm程度のパイ1台分

【パイ生地】

ベーシック（→p.6参照）……薄力粉100g分

【フィリング】

りんご……正味300g（大2個弱）
レモン汁……大さじ1/2
グラニュー糖……18g
薄力粉……小さじ1

【クランブル】

オートミール（ロールドオーツ）……50g
グラニュー糖……30g
あら塩……ごく少々
バター（食塩不使用）……30g

作り方

パイ生地を作る

1 パイ生地を仕込む（→p.7～参照）。
2 **1** を台に取り出し、めん棒を転がして直径28cmに丸くのばす。オーブンシートにのせてラップをかけ、冷蔵庫で休ませる。

クランブルを作る

3 バター以外のクランブルの材料をフードプロセッサーにかける。オートミールが細かくなったらバターを加えてさらに攪拌し、そぼろ状にする。ボウルに移し、冷蔵庫で冷やす（**a**）。

フィリングを作る

4 りんごは皮をむいて4つ切りにし、種と芯を除く。7～8mm厚さのひと口大に切ってボウルに入れ、レモン汁をからめ、グラニュー糖と薄力粉を加えて混ぜる。
・りんごに砂糖をからめて時間をおくと水分が出てきてしまうので、成形直前に混ぜる。

成形

5 **2** を取り出し、生地の中央、直径15～16cmくらいに **4** を山高にのせる。まわりの生地でひだを作りながら、りんごにかぶせるように折りたたむ（**b**）。
6 生地の表面にはけで牛乳（分量外）を薄く塗り、**3** をまんべんなくふって、はがれないようにしっかりおさえる（**c**）。

焼成

7 天板ごと210℃に温めたオーブンで30分、200℃に下げて20～25分焼く。
・途中、クランブルが焦げそうになったら、アルミホイルをかぶせる。

a

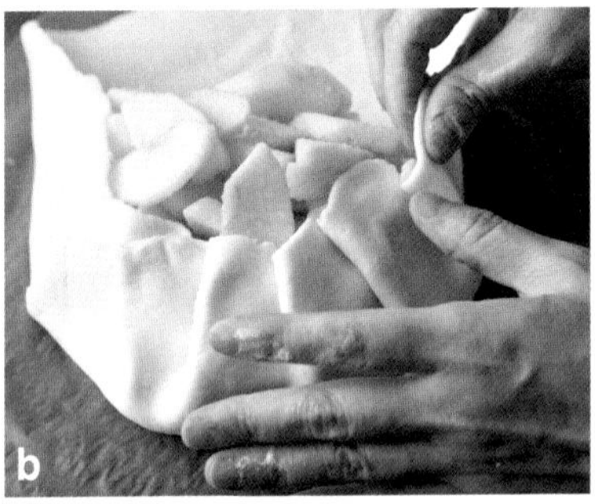
b

c

フィリングにバニラとシナモンで香りづけした
サワークリームを使います。
なじみがよいよう、りんごは薄めに切って。
りんごの甘みとさわやかな酸味に、
サワークリームのまろやかな酸味が重なります。
オートミールを加えないシンプルなクランブルをトッピング。

サワークリーム アップルパイ

SOUR CREAM APPLE PIE

材料／直径18cmのパイ皿1台分

【パイ生地】

ベーシック（→p.6参照）……薄力粉100g分

【クランブル】

薄力粉……60g
ブラウンシュガー……35g
あら塩……ごく少々
バター（食塩不使用）……30g

【フィリング】

りんご……正味230g
サワークリーム……90g
バニラビーンズ（さやからしごき出す）……1/8本
全卵……30g

A
- グラニュー糖……35g
- ブラウンシュガー……15g
- あら塩……小さじ1/4
- 薄力粉……大さじ1/2
- シナモンパウダー（→p.87参照）……小さじ1/4

【仕上げ用】

粉砂糖……適量

作り方

パイ生地を作る

1 パイ生地を仕込む（→p.7〜参照）。
2 **1** を台に取り出し、めん棒を転がして直径24〜26cmに丸くのばし、パイ皿に敷き込む（→p.9参照）。はみ出た生地は外側に折り込んでパイ皿のふちにのせ、成形する（→p.28参照）。ラップをかけ、冷蔵庫で休ませる。

クランブルを作る

3 ボウルにクランブルの材料を入れて指ですり合わせ、つぶすようにしてそぼろ状にする（**a**）。冷蔵庫で冷やす。

フィリングを作る

4 ボウルにAを入れ、ゴムべらで混ぜる。
5 別のボウルにサワークリームとバニラビーンズを入れてゴムべらで混ぜ、**4** を加えてだまにならないように混ぜる。全卵を2回に分けて加え混ぜ、網でこす。
6 りんごは皮をむいて4つ切りにし、種と芯を除いて3〜5mmの薄切りにする。**5** に加えてからめる（**b**）。

成形

7 **2** のパイ皿に**6** を山高にのせ、**3** をまんべんなくふる。

焼成

8 天板ごと210℃に温めたオーブンで10分、200℃に下げて30〜35分焼く。
・途中、クランブルが焦げそうになったら、アルミホイルをかぶせる。
9 取り出してあら熱をとり、粉砂糖をふる。
・冷蔵庫で冷やしてもおいしい。

a

b

塩キャラメル アップルパイ
SALTED CARAMEL APPLE PIE

キャラメルとりんごは好相性。
レッスンでも、いちばん人気のアップルパイです。
キャラメルは、火を止めたあともどんどん火が入って
色が濃くなるので、きつね色くらいで火を止めます。
まずは焼きたてをそのまま、リベイクするときに
チェダーチーズをのせても。
塩キャラメルのほろ苦い甘さとチーズの塩味が
悪魔的なおいしさです。

材料／直径18cmのパイ皿1台分

【パイ生地】

ベーシック（→p.6参照）……薄力粉160g分

【塩キャラメルソース】

グラニュー糖……50g

バター（食塩不使用）……15g

生クリーム（乳脂肪分45%）……20g

マルドンの塩（→p.87参照）……小さじ1/4
（またはあら塩小さじ1/8）

【フィリング】

りんご……正味350g

レモン汁……小さじ2

A
- ブラウンシュガー……40g
- 薄力粉……大さじ1
- ペストリースパイスミックス（→p.87参照）……小さじ1/4

【仕上げ用】

トッピングシュガー（→p.87参照）……15g

リベイクするときにチェダーチーズをのせて焼き、
とろりとさせてもよく合う。

作り方

パイ生地を作る

1 パイ生地を仕込む（→p.7～参照）。

2 1 を2分割してそれぞれめん棒を転がし、直径24～25cmに丸くのばし、1枚はパイ皿に敷き込む（→p.9参照。ふちの生地ははみ出したままでよい）。それぞれラップをかけ、冷蔵庫で休ませる。

塩キャラメルを作る

3 鍋にグラニュー糖を入れて中火にかける。全体がぶくぶくと沸騰し、きつね色になったら火からおろし、全体が均一なキャラメル色になるよう鍋をまわす（**a**）。バターを加えて溶かし、生クリーム、塩を加えて混ぜる（温度差でキャラメルがかたまるようなら、弱火にかけて煮溶かす）。ボウルに移し、しっかり冷ます。

フィリングを作る

4 りんごは皮をむいて4つ切りにし、種と芯を除く。7～8mm厚さのひと口大に切ってボウルに入れ、レモン汁をからめ、Aを加えて混ぜる。

・りんごに砂糖をからめて時間をおくと水分が出てきてしまうので、成形直前に混ぜる。

成形

5 2 のパイ皿に 4 の半量を入れてならし、3 の半量をまわしかける。残りの 4 をのせ、残りの 3 をまわしかける。ふたになる生地をかぶせ、端の2枚の生地を合わせて外側に折り込み、パイ皿のふちにのせる。

6 ふちの生地を成形し（→p.28参照）、表面にはけで生クリーム（分量外）を薄く塗り、トッピングシュガーをまんべんなくふる。

7 上部に6か所ほどナイフで切り目を入れ、空気穴を作る。

・切り込みを大きくしすぎると、焼成中にフィリングのジュースが流れ出るので注意。

焼成

8 天板ごと200～210℃に温めたオーブンで40～50分焼く。

プリンのようなやさしい甘さのカスタードが
ジューシーなりんごを包み込みます。
りんご、パイ生地、カスタード液、
それぞれ火が通る時間が違うのに
一度に焼き上げてしまうところが、
アメリカらしい合理的なレシピだなぁと思います。

アップル カスタードパイ

APPLE CUSTARD PIE

材料／直径18cmのパイ皿1台分

【パイ生地】

ミルキー（→p.6参照）……薄力粉100g分

【フィリング】

りんご……正味250g

レモン汁……小さじ1

A
- ブラウンシュガー……55g
- 薄力粉……大さじ1/2
- ペストリースパイスミックス（→p.87参照）……小さじ1/4

【カスタード液】

B
- 卵黄……1個
- 卵白……10g
- グラニュー糖……15g
- バニラビーンズ（さやからしごき出す）……1/8本

生クリーム（乳脂肪分45%）……100g

a

作り方

パイ生地を作る

1 パイ生地を仕込む（→p.7～参照）。

2 **1** を台に取り出し、めん棒を転がして直径28cmに丸くのばし、パイ皿に敷き込む（→p.9参照。ふちの生地ははみ出したままでよい）。ラップをかけ、冷蔵庫で休ませる。

フィリングを作る

3 りんごは皮をむいて4つ切りにし、種と芯を除く。7～8mm厚さのひと口大に切ってボウルに入れ、レモン汁をからめ、Aを加えて混ぜる。

・りんごに砂糖をからめて時間をおくと水分が出てきてしまうので、成形直前に混ぜる。

成形

4 **2** のパイ皿に **3** を入れ、平らにならす。はみ出たまわりの生地でひだを作りながら、りんごにかぶせるように折りたたむ。

下焼き

5 天板ごと210℃に温めたオーブンで25分焼く。

カスタード液を作る

6 ボウルにBを入れ、泡立て器で泡立たないよう静かに混ぜ、生クリームを加える。網でこし、計量カップに入れる。

焼成

7 **5** を取り出し、中央に **6** をゆっくり注ぎ入れる（a）。

8 オーブンに戻し、180℃で10分、さらに170℃に下げて10分焼く。

・カスタード部分が盛り上がり、パイ皿をたたいたときに全体が大きく揺れればOK。
・パイ生地の色づきが悪いようなら、中央のカスタード部分にアルミホイルをかぶせ、さらに210～220℃で5分焼く。
・あら熱をとり、冷蔵庫で冷やしてもおいしい。

鮮やかな赤色と、きゅんと甘酸っぱい味わいが
魅力のクランベリー。
アメリカでは秋〜冬のくだものとして親しまれていますが
日本では生よりも冷凍品のほうが入手しやすいと思います。
クランブルは少し多めに作って冷凍しておき、
マフィンを焼くときなどに使っても。

アップル クランベリーパイ
APPLE CRANBERRY PIE

材料／直径18cmのパイ皿1台分

【パイ生地】
ベーシック（→p.6参照）……薄力粉100g分

【フィリング】
りんご……正味300g
冷凍クランベリー……40g
A ブラウンシュガー……45g
　 薄力粉……小さじ1

【クランブル】
薄力粉……70g
オートミール（ロールドオーツ）……25g
グラニュー糖……32g
あら塩……小さじ1/4弱
シナモンパウダー（→p.87参照）……小さじ1/4弱
バター（食塩不使用）……48g

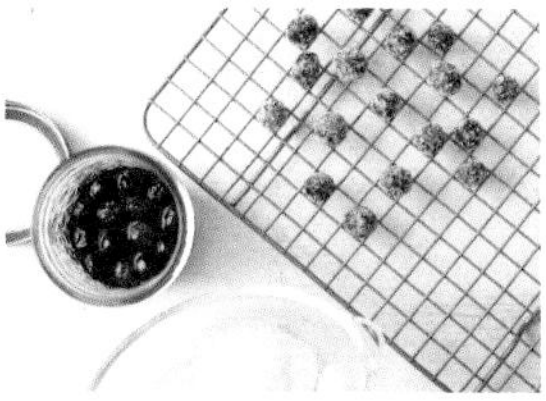

シュガークランベリー

1 小鍋に水50gとグラニュー糖50gを合わせて火にかける。沸騰したら冷凍クランベリー60gを加え、再び沸騰したら火を止める。
2 あら熱をとり、清潔な保存容器に入れる（冷蔵で4〜5日保存可能）。
3 キッチンペーパーで汁けをおさえてそのまま飾るか、グラニュー糖適量（分量外）をまぶし、網の上で乾燥させて飾る。
・残ったシロップは、炭酸水やお酒で割って飲むとよい。

作り方

パイ生地を作る

1 パイ生地を仕込む（→p.7〜参照）。
2 **1** を台に取り出し、めん棒を転がして直径24〜26cmに丸くのばし、パイ皿に敷き込む（→p.9参照）。はみ出た生地は外側に折り込んでパイ皿のふちにのせ、成形する（→p.28参照）。ラップをかけ、冷蔵庫で休ませる。

クランブルを作る

3 バター以外のクランブルの材料をフードプロセッサーにかける。オートミールが細かくなったらバターを加えてさらに攪拌し、そぼろ状にする。ボウルに移し、冷蔵庫で冷やす。

フィリングを作る

4 りんごは皮をむいて4つ切りにし、種と芯を除く。7〜8mm厚さのひと口大に切り、ボウルに入れ、クランベリーとAを加えて混ぜる。
・りんごに砂糖をからめて時間をおくと水分が出てきてしまうので、成形直前に混ぜる。

成形

5 **2** のパイ皿に **4** を山高にのせ、**3** をまんべんなくふって、はがれないようにしっかりおさえる。

焼成

6 天板ごと210℃に温めたオーブンで20分、200℃に下げて35〜40分焼く。
・途中、クランブルが焦げそうになったら、アルミホイルをかぶせる。
7 取り出してあら熱をとり、好みでシュガークランベリー（左記）を飾る。

アップル
サイダーパイ
APPLE CIDER PIE

りんごをまるごとフードプロセッサーにかけ、
ペースト状になるまで煮詰めた濃厚な
「アップルサイダー」を、フィリングのりんごにからめます。
このひと手間で、りんごの風味が凝縮！
風味を最大限に生かすため、上には砂糖をふらず
溶かしバターを塗るだけで仕上げています。
全粒粉入りのザクッと素朴な生地も、よく合います。

材料／直径18cmのパイ皿1台分

【全粒粉入りパイ生地】

薄力粉……95g
全粒粉（薄力粉タイプ）……65g
グラニュー糖……小さじ3/4
あら塩……2g
バター（食塩不使用）……110g
冷水……60g

【アップルサイダー】

りんご……中2個（420g）

【フィリング】

りんご……正味300g
レモン汁……小さじ1/2
A ブラウンシュガー……22g
A 薄力粉……小さじ1
A シナモンパウダー（→p.87参照）……小さじ1/4

【仕上げ用】

溶かしバター……適量

作り方

パイ生地を作る

1 パイ生地を仕込む（→p.7〜参照、粉類の一部を全粒粉に置きかえる）。

2 **1** を2分割してそれぞれめん棒を転がし、直径24〜25cmに丸くのばし、1枚はパイ皿に敷き込む（→p.9参照。ふちの生地ははみ出したままでよい）。それぞれラップをかけ、冷蔵庫で休ませる。

アップルサイダーを作る

3 りんごはよく洗い、皮つきのまま4つ切りにして皮と種ごとフードプロセッサーにかけ、網でこす（約240gになる）。

4 鍋に入れ、1/4量になるまで中火で20分ほど煮詰める（約60gになる）。ボウルに移し、底を氷水に当てて冷ます（**a**）。

フィリングを作る

5 りんごは皮をむいて4つ切りにし、種と芯を除く。7〜8mm厚さのひと口大に切ってボウルに入れ、レモン汁をからめ、Aと **4** を加えて混ぜる。

・りんごに砂糖をからめて時間をおくと水分が出てきてしまうので、成形直前に混ぜる。

成形

6 **2** のパイ皿に **5** を山高にのせる。

7 ふたになる生地を4〜5本の棒状に切り（幅は均等でなくてもよい）、少しずつ重ねてのせる（**b**）。端の2枚の生地を合わせて外側に折り込み、パイ皿のふちにのせる。

8 ふちの生地を成形し（**c**、→p.28参照）、表面にはけで溶かしバターを薄く塗る。

焼成

9 天板ごと210℃に温めたオーブンで30分、200℃に下げてさらに20〜23分焼く。

a

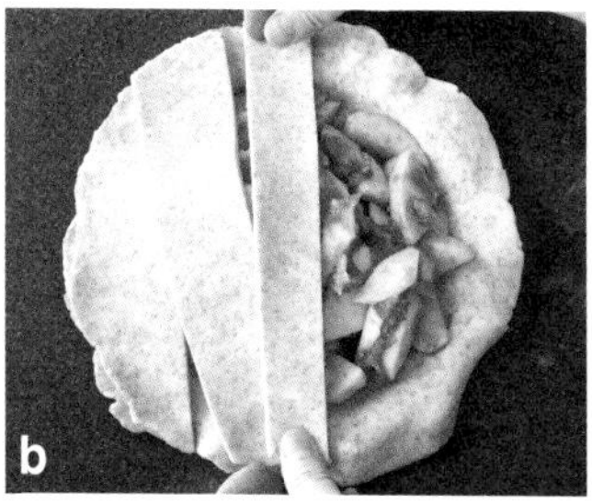
b

c

ふちの生地の成形

column

パイ皿に生地を敷き込んだら、はみ出た生地を使ってふちを成形します。
成形は、お好きな方法でかまいません。
手やスプーンに軽く粉をつけておくと、作業しやすくなります。

1　指でつまむ

親指の腹と、人さし指の側面で生地をつまみ、ぐるりと一周する。いちばん手軽な方法。

2　ひだを寄せる

パイ皿からはみ出した生地を使って、ひだを寄せながら内側に折りたたむ。

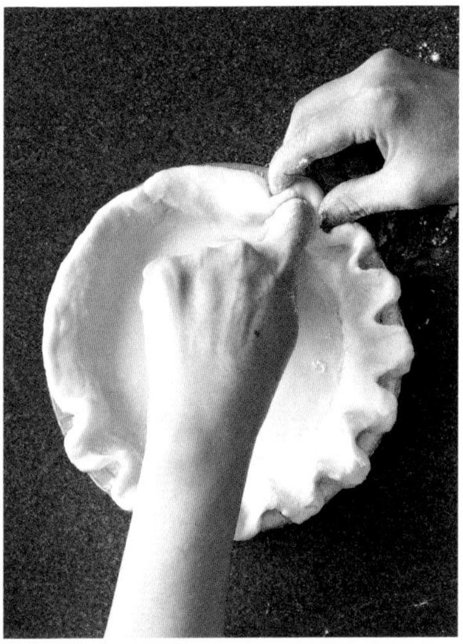

3　フリル状にする

人さし指をかぎ状にして内側から生地をぎゅっと押し、反対の手で人さし指をつかむようにして、ふちをフリル状にする。

4　スプーンで模様をつける

スプーンの先端をぎゅっと押しつけ、模様をつける。同様にフォークを使ってもよい。

旬を味わうフルーツのパイ

2

私がアメリカンパイに魅了されたのは、
サンフランシスコのファーマーズマーケットで食べた
ブルーベリーパイのおいしさに感動したから。
旬のくだものをたっぷり使うのはアメリカンベイクの特徴で、
パイにもいちごや桃、プラム、レモン、チェリーなど、
季節ごとのくだものを焼き込みます。
ジューシーなフィリングにサクサクのパイ生地がとてもよく合います。

FRUITS

サワーチェリーパイ
SOUR CHERRY PIE

日本ではあまりなじみのないサワーチェリー。
その名のとおり酸味が強く、生食には向きませんが、
パイに焼き込むにはこの酸味が味の決め手になります。
チェリーは砂糖をまぶしたあと、
電子レンジにかけると果汁が出やすくなります。
上部の生地を格子状に編み上げる“ラティストップ仕上げ”は、
太めにするのがアメリカのベーカリーのトレンド！

材料／直径18cmのパイ皿1台分

【パイ生地】

リッチ（→p.6参照）……薄力粉140g分

【フィリング】

冷凍サワーチェリー……240g

グラニュー糖……32g

A ブラウンシュガー……32g
　 タピオカ粉……大さじ1

レモン汁……小さじ2

アーモンドエッセンス（あれば）……5〜8滴

【仕上げ用】

トッピングシュガー（→p.87参照）……適量

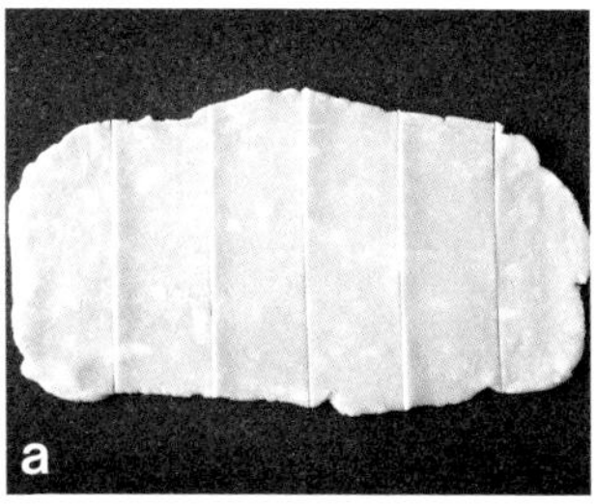

a

b

c

作り方

パイ生地を作る

1 パイ生地を仕込む（→p.7〜参照）。

2 1 を2分割し、ひとつはめん棒を転がして直径20〜21cmに丸くのばし、パイ皿に敷き込む（→p.9参照。ふちの生地はそのままでよい）。残りの生地は16×30cmの長方形にのばし、長辺を6等分する（16×5cmの棒状に6本とれる、**a**）。それぞれラップをかけ、冷蔵庫で休ませる。

フィリングを作る

3 耐熱ボウルにサワーチェリーを入れてグラニュー糖をまぶし、ラップをかけて電子レンジ（600W）で40秒加熱し、取り出して混ぜる。これを4〜5回くり返す。

4 網でこして果汁を鍋に移す。果肉はとっておく。

・果汁は100〜120gが目安。へらでチェリーをぎゅっと押し、果汁をしぼってもよい。

5 4 の鍋に混ぜ合わせたAとレモン汁を加えて泡立て器で混ぜ、中火にかける。たえず混ぜながら加熱し、とろみがついて透明感が出たら、4 の果肉を加える（**b**）。

6 耐熱のゴムべらで混ぜながら、チェリーが水分を含んでふっくらしたら火を消し、バットにあける（280〜290gが目安）。底を氷水に当てて冷やし、好みでアーモンドエッセンスを加えて混ぜる。

成形

7 2 のパイ皿に 6 を流し入れ、棒状に切った生地を使ってトップをラティスに飾る（→p.46参照）。端の2枚の生地を合わせ、内側に折り込み、つまんでとじる（**c**）。

8 ふちの生地を成形し（→p.28参照）、表面にはけで牛乳（分量外）を薄く塗り、トッピングシュガーをまんべんなくふる。

焼成

9 天板ごと190℃に温めたオーブンで45分焼く。

フレッシュなくだものをたっぷりのせたプディングパイ。
パイ生地にチョコレートを塗っておくのは、
おいしさのためはもちろん、カスタードプディングが
パイ生地にしみないようにするためでもあります。
バナナとストロベリーのハーフ&ハーフで作りましたが、
もちろんバナナだけ、いちごだけで仕上げてもかまいません。

バナナ&ストロベリープディングパイ

BANANA & STRAWBERRY PUDDING PIE

材料／直径18cmのパイ皿1台分

【パイ生地】
ミルキー（→p.6参照）……薄力粉100g分
製菓用チョコレート（→p.87参照）……15g

【カスタードプディング】
卵黄……2個
グラニュー糖……30g＋60g
コーンスターチ……20g
牛乳……300g
バニラビーンズ（さやからしごき出す）……1/4本
バター（食塩不使用）……20g

【仕上げ用】
ホイップクリーム（→p.62参照）……120g
バナナ（斜め薄切り）……1〜2本
ココナッツロング……適量
いちご（縦半分に切る）……10〜12個
ピスタチオ……適量

a

b

作り方

パイ生地を作る

1 パイ生地を仕込む（→p.7〜参照）。
2 **1** を台に取り出し、めん棒を転がして直径24〜26cmに丸くのばし、パイ皿に敷き込む（→p.9参照）。はみ出た生地は外側に折り込んでパイ皿のふちにのせ、成形する（→p.28参照）。パイ底にフォークで穴をあけ、ラップをかけて冷蔵庫で15分ほど休ませる。
3 **2** をパイが全体にきつね色になるまで空焼きする（焼ききる→p.10参照）。取り出して冷ます。
4 チョコレートは湯せんにかけて溶かし、ゴムべらで **3** の内側に塗る（**a**）。冷蔵庫で冷やす。

プディングを作る

5 鍋に牛乳、グラニュー糖30g、バニラビーンズをさやとともに入れて中火にかける。
6 ボウルに卵黄、グラニュー糖60gを入れて泡立て器で白っぽくもったりとするまで混ぜ、コーンスターチを加えて混ぜる。
7 **5** がふつふつとしてきたら **6** に少しずつ加えて混ぜ、網でこして鍋に戻し入れる。
8 強めの中火にかけ、泡立て器でたえず混ぜながら、鍋肌がふつふつとするまで炊く。
9 火からおろしてバターを加え、よく混ぜる。ボウルに移し、底を氷水に当ててときどき混ぜながら急冷する（**b**）。
10 **4** のパイ皿に **9** を流し入れ、表面を平らにならす。ぴったりとラップを貼りつけ、冷蔵庫で冷やす。

組み立てる

11 ココナッツは170℃のオーブンで2分ほどローストする。
12 **10** の半分にバナナを並べてホイップクリームをこんもりとのせ、**11** を散らす。もう半分にはいちごをのせてホイップクリームを絞り、ピスタチオを散らす。

3種のベリーの酸味と甘みが重なるミックスベリーパイ。
フィリングは混ぜるだけの気軽さも人気の理由です。
ふたの空気穴は丸型のほか、星型などで抜いてもかわいい。
ハロウィンの季節にはジャック・オー・ランタンの顔に
見立てて切り取ると、
果汁があふれ出て迫力のある仕上がりになります。

バンブルベリーパイ

BUMBLEBERRY PIE

材料／直径18cmのパイ皿1台分

【パイ生地】

リッチ（→p.6参照）……薄力粉140g分

【フィリング】

ブルーベリー（生でも冷凍でもよい）……80g
冷凍ラズベリー……80g
冷凍ブラックベリー……40g
グラニュー糖……30g
レモン汁……小さじ1
コーンスターチ……大さじ1/2

作り方

パイ生地を作る

1 パイ生地を仕込む（→p.7〜参照）。

2 **1** を2分割し、それぞれめん棒を転がして直径21cmに丸くのばす。1枚はパイ皿に敷き込み（→p.9参照。ふちの生地はそのままでよい）、ふたになる生地は直径3〜4cmの丸型で3か所ほど抜く（a）。それぞれラップをかけ、冷蔵庫で休ませる。

成形

3 フィリングの材料を混ぜ合わせ（ベリーは凍ったままでよい）、**2** のパイ皿に入れて平らにならす。

4 卵白（分量外。パイ生地作りで余ったものでよい）をふちに薄く塗り、ふたになる生地をのせ、端の2枚の生地を貼り合わせてとめる。薄力粉（分量外）をつけたスプーンでふちに模様をつけ（→p.28参照）、パイ皿からはみ出た生地はナイフで切り落とす。

焼成

5 天板ごと200℃に温めたオーブンで40分、190℃に下げてさらに5〜8分焼く。

・フィリングがあふれ出そうなパイは、オーブンに入れるときに、下にオーブンシートを敷くとよい。

タルト風生地で甘いフィリングを包んだケロッグ社の「ポップタルト」は、朝食におやつにとアメリカでは定番。ハンドパイになってベーカリーにも並んでいます。フィリングのシロップを活用したグレーズをかけても、焼きっぱなしでもおいしくいただけます。

ブルーベリー ポップタルト

BAKERY STYLE BLUEBERRY POP TARTS

材料／8×12cmのパイ4個分

【パイ生地】

ベーシック（→p.6参照）……薄力粉200g分

【フィリング】

ブルーベリー（生）……200g

ブラウンシュガー……50g

レモン汁……小さじ2

コーンスターチ……小さじ2

【のり】

薄力粉・牛乳……各大さじ1

【グレーズ】

粉砂糖……20g

フィリングのシロップ……8～10g

作り方

パイ生地を作る

1 パイ生地を仕込む（→p.7～参照）。

2 **1** を2分割してそれぞれめん棒を転がし、18×24cmの長方形にのばして長辺を半分に切る（**a**、18×12cmの生地が計4枚できる）。オーブンシートにのせてラップをかけ、冷蔵庫で休ませる。

フィリングを作る

3 鍋にフィリングの材料を合わせて弱めの中火にかけ、耐熱のゴムべらで混ぜながらとろみがつくまで5～6分煮詰める（220g前後が目安）。ボウルに移し、底を氷水に当てて冷やす。

成形

4 **2** を台に取り出し、生地の手前側に **3** を等分にのせる（グレーズを作る場合はシロップを8～10gとっておく）。ふちに混ぜ合わせたのりを塗り、奥側の生地を持ち上げてかぶせ（**b**）、しっかり貼り合わせる。

5 薄力粉（分量外）をつけたフォークで端をしっかりおさえてとめる（**c**）。カードで端を切り落とし、形を整える（**d**）。

6 表面にナイフで2か所切り目を入れ、空気穴を作る。

焼成

7 天板ごと210℃に温めたオーブンで30～35分焼く。

仕上げ

8 グレーズの材料を合わせてゴムべらでよく混ぜ、**7** が熱いうちにかける。

シェーカー
レモンパイ
SHAKER LEMON PIE

レモンをまるごと使う、アメリカ中西部の伝統的なパイ。
シェーカー教徒の間で作られてきたことから、
この名がつけられました。
ポートランドのコーヒーショップで食べたパイには、
オーガニックのメイヤーレモンが使われていました。
このパイも、国産、グリーン、メイヤーと
レモンをかえると、異なる味わいを楽しめます。

材料／直径18cmのパイ皿1台分

【パイ生地】

ベーシック（→p.6参照）……薄力粉80g分

【フィリング】

レモン（国産）……小1個（70g）

グラニュー糖……70g

薄力粉……小さじ2

あら塩……ごく少々

全卵……70g

溶かしバター（食塩不使用）……15g

【仕上げ用】

トッピングシュガー（→p.87参照）……適量

作り方

レモンの砂糖漬けを作る

1 レモンはよく洗って水けをふき、皮つきのまま2㎜幅の薄切りにしてボウルに入れる。グラニュー糖を加えて混ぜ、ラップをかけて冷蔵庫で半日〜1日おく（**a**）。

パイ生地を作る

2 パイ生地を仕込む（→p.7〜参照）。

3 **2** を台に取り出し、めん棒を転がして直径25〜26cmに丸くのばし、パイ皿に敷き込む（→p.9参照。ふちの生地ははみ出したままでよい）。ラップをかけ、冷蔵庫で休ませる。

フィリングを作る

4 **1** に薄力粉とあら塩を加えてゴムべらで混ぜ、粉が溶けたら全卵、溶かしバターを加えて混ぜる。

成形

5 **3** のパイ皿に **4** を流し入れる。はみ出たまわりの生地でひだを作りながら、フィリングにかぶせるように折りたたむ。

6 生地の表面にはけで牛乳（分量外）を塗り、トッピングシュガーをふる。

焼成

7 天板ごと210℃に温めたオーブンで40分ほど焼く。

・途中、レモンが焦げそうになったら、中央のレモン部分にアルミホイルをかぶせる。

8 取り出して冷まし、好みでブルーベリーのシロップがけ（左記）を飾る。

a

ブルーベリーのシロップがけ

1 小鍋に水大さじ1とグラニュー糖20gを入れて中火にかけ、沸騰したら火を消す。

2 ブルーベリー（生）50gをざるに入れ、あつあつの **1** をまわしかける。下に落ちたシロップを再度上からかける。

・ヨーグルトやアイスクリームと食べてもおいしい。

フレッシュな桃のやさしい甘さを生かした
フィリングを包み、揚げました。
ふっくら仕上げたいので、
パイ生地はベーキングパウダー入りに。
フィリングは作ってから時間がたつと水分が出てしまうので、
作ったら早めに包んで揚げてください。

フライド ピーチパイ

FRIED PEACH PIE

材料／長辺10cmの半月型4個分

【ベーキングパウダー入りパイ生地】

薄力粉……70g
グラニュー糖……小さじ1/8
あら塩……小さじ1/8
ベーキングパウダー……小さじ1/2
バター（食塩不使用）……20g
牛乳……20g
全卵……15g

【フィリング】

白桃……正味180g
レモン汁……小さじ1
ブラウンシュガー……20g
A［グラニュー糖……15g
　 コーンスターチ……小さじ1

【仕上げ用】

揚げ油……適量
粉砂糖……適量

作り方

パイ生地を作る

1 ボウルに薄力粉、グラニュー糖、あら塩、ベーキングパウダーを合わせ、バターを加えてカードで切り込むように混ぜる。バターが粉の中でさらさらになったら牛乳と全卵を加えて生地をまとめ、冷蔵庫で30分以上休ませる（半日ほどおくと扱いやすくなる）。

2 **1** を4分割し、それぞれめん棒を転がして直径10～11cmに丸くのばす。ラップをかけ、冷蔵庫で休ませる。

・2～3mm厚さに大きくのばし、直径10cm程度の丸型で抜いてもよい。

フィリングを作る

3 桃は皮をむいて1.5～2cm角に切り、レモン汁、ブラウンシュガーとともに鍋に入れ、強めの中火で焦げないように気をつけながら煮詰める。水分がなくなったら混ぜ合わせたAを加え、再び水分がなくなるまで煮詰める。バットに移して冷ます。

成形

4 **2** を台に取り出し、**3** を等分にのせる。ふちに溶き卵（分量外）を塗って半分に折りたたみ、しっかり貼り合わせる（**a**）。薄力粉（分量外）をつけたフォークでふちをおさえてとめ、はみ出した生地はナイフで切り落として半月形に整える（**b**）。

揚げる

5 揚げ油を170℃に熱して**4** を入れ、両面がしっかり色づくまで揚げ（**c**）、油をきる。あら熱をとり、粉砂糖をふる。

a

b

c

最近、巷で流行しているアップサイドダウンパイ。
丸く並べたパイナップルにパイ生地をかぶせて焼き、
ひっくり返して器に盛ります。
トロピカルな甘さを、バーボンを効かせたホイップクリームが
大人味に引き締めます。1個からでも作りやすいので、
残ったパイ生地を活用してもいいですね。

パイナップル アップサイド ダウンパイ

PINEAPPLE UPSIDE DOWN PIE

材料／直径10cmのミニパイ6個分

【パイ生地】

ベーシック（→p.6参照）……薄力粉100g分

【キャラメル】

バター（食塩不使用）……55g

ブラウンシュガー……90g

【フィリング】

カットパイン……18切れ

ピーカンナッツ……6個

【仕上げ用】

バーボン入りホイップクリーム（→p.62参照）……適量

作り方

パイ生地を作る

1 パイ生地を仕込む（→p.7～参照）。

2 **1** を6分割し、それぞれめん棒を転がして直径10～11cmに丸くのばす。フォークで4～5か所穴をあけ、ラップをかけて冷蔵庫で休ませる。

・2～3mm厚さに大きくのばし、直径10cm程度の丸型で抜いてもよい。

キャラメルを作る

3 バターは室温においてやわらかくし、ブラウンシュガーを加えて混ぜる。

成形

4 ピーカンナッツは170℃に温めたオーブンで8～10分ローストする。カットパインは厚みを半分に切り（1cm厚さが目安）、キッチンペーパーで汁けをおさえる。

5 オーブンシートを18cm角に6枚切り、天板に広げる。中央に **3** をのせてパインを円形に並べ（**a**）、中央にピーカンナッツをのせる。

6 **2** をかぶせ（**b**）、オーブンシートの端をねじって包む（**c**）。

焼成

7 210℃に温めたオーブンで 23～25分焼く。

8 逆さにして器に取り出し、バーボン入りホイップをのせる。

a

b

c

余ったパイ生地を冷凍してストックしておけば、
いつでも手軽に作れます。フィリングは季節のくだもので。
ルバーブの代わりに、黄桃やプラムもよく合います。
ここではパイ生地をちぎってのせ、ラフに焼き上げましたが、
アメリカでは独立記念日に、星型に抜いた
生地をのせて仕上げることも！
焼きたてに、ぜひバニラアイスをトッピングして。

ベリーとルバーブのパンダウディ

STRAWBERRY, RASPBERRY, RHUBARB PANDOWDY

材料／20.5×16×高さ3㎝のホーローバット（キャビネサイズ）1台分

【パイ生地】

ベーシック（→p.6参照）……薄力粉80g分

【フィリング】

ルバーブ……正味180g
いちご……正味90g
冷凍ラズベリー……75g
レモン汁……大さじ1/2
A ┌グラニュー糖……42g
　 └コーンスターチ……小さじ1/2

作り方

パイ生地を作る

1 パイ生地を仕込む（→p.7〜参照）。

2 **1** を台に取り出し、めん棒を転がして3㎜厚さにのばす（あとでちぎるので、適当な形でよい）。ラップをかけ、冷蔵庫で休ませる。

フィリングを作る

3 ルバーブは2〜3㎝長さに切り、水に20〜30分さらして水けをきる。いちごはへたを除き、縦半分に切る。

4 ボウルに **3** とラズベリーを合わせ、レモン汁をからめる。混ぜ合わせたAを加えてざっと混ぜ、バットに流し入れる。

仕上げる

5 **2** を適当な大きさに手でちぎり、**4** の上に隙間なくのせる（**a**）。

焼成

6 天板ごと200℃に温めたオーブンで30分、210〜220℃に上げて（オーブンが2段の場合は上段に移す）5〜10分焼く。

a

ラティストップの仕上げ方

column

ラティストップとは、ふたになるパイ生地を格子状に編んで仕上げる方法。
サワーチェリーパイ（→p.30）だけでなく、ダブルクラストのパイなら
同様にこの方法で仕上げることができます。格子の太さは好みでOK。

1 フィリングを流し入れたパイ皿に、棒状に切ったふたの生地を3本、縦に等間隔に並べる。

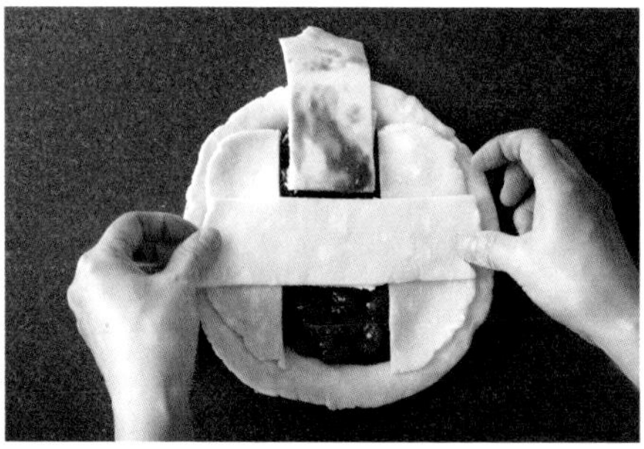

2 中央の生地をめくり、横に1本生地をのせる。

3 めくった生地を戻し、左右の生地をめくる。

4 横に1本生地をのせ、めくった生地を戻す。

5 パイ皿を180度まわし、**3**～**4**と同様に左右の生地をめくって横に1本生地をのせる。

6 めくった生地を戻し、形を整える。

伝統から流行まで アメリカで出合えるパイ

3

レモンメレンゲパイやキーライムパイといった有名なものから、
シューフライパイ、フージアーパイといった
あまり日本人にはなじみのないものまで、アメリカ各地には
本当にたくさんのパイがあります。ここでご紹介するのは、ほんの一部。
そして、現地のベーカリーでは抹茶や黒ごまなど、
和の素材を使ったパイも人気。アメリカを旅する機会があったら、
ぜひ探してみてください。

AMERICA

アメリカ中西部、インディアナ州のご当地パイ。
私はシカゴで出合いました。
見た目に派手さはないけれど、バタースコッチのような
濃厚な味わいで、ひと口食べればやみつきに！
ブラウンシュガーとグラニュー糖をブレンドすることで、
コクもありつつ、すっきりとしたバランスのよい甘さになります。

フージアーシュガークリームパイ
HOOSIER SUGAR CREAM PIE

材料／直径18cmのパイ皿1台分

【パイ生地】

ミルキー（→p.6参照）……薄力粉100g分

【フィリング】

ブラウンシュガー……50g
グラニュー糖……50g
あら塩……小さじ1/8
薄力粉……10g
生クリーム（乳脂肪分45%）……240g
牛乳……40g

作り方

パイ生地を作る

1 パイ生地を仕込む（→p.7〜参照）。

2 **1** を台に取り出し、めん棒を転がして直径24〜26cmに丸くのばし、パイ皿に敷き込む（→p.9参照）。はみ出た生地は外側に折り込んでパイ皿のふちにのせ、成形する（→p.28参照）。パイ底にフォークで穴をあけ、ラップをかけて冷蔵庫で15分ほど休ませる。

3 **2** をパイ底がうっすら色づくまで空焼きする（→p.10参照）。

フィリングを作る

4 ブラウンシュガー、グラニュー糖、あら塩、薄力粉をボウルに入れ、泡立て器でよく混ぜる。生クリームと牛乳を加え、ゴムべらで静かに混ぜる。

・少しおくとボウルの底に溶け残った砂糖が沈んでたまるので、1〜2分おいては混ぜ、完全に溶かす。

5 **3** のパイ皿に **4** を流し入れる。

焼成

6 天板ごと190℃に温めたオーブンで15分、180℃に下げて18〜20分焼く。

・揺らしてみて、全体がぷるんと揺れればOK。
・あら熱をとり、冷蔵庫で冷やすとおいしい。

レモン
メレンゲパイ
LEMON MERINGUE PIE

みっちりとした、きめ細かいメレンゲをこんもりのせて。
メレンゲは、甘さを控えめにしてしまうと
どうしても安定しないので、しっかりとした甘さにし、
その分、レモンカードはキュンと酸味を効かせて
全体のバランスをとっています。
ぜひ、しっかり冷やして食べてみてください。

材料／直径18㎝のパイ皿1台分

【パイ生地】

ミルキー（→p.6参照）……薄力粉100g分

【レモンカード】

卵黄……70g

卵白……20g

グラニュー糖……50g

レモン汁……60g

バター（食塩不使用）……90g

【スイスメレンゲ】

卵白……50g

グラニュー糖……45g

作り方

パイ生地を作る

1 パイ生地を仕込む（→p.7〜参照）。

2 1 を台に取り出し、めん棒を転がして直径24〜26㎝に丸くのばし、パイ皿に敷き込む（→p.9参照）。はみ出た生地は外側に折り込んでパイ皿のふちにのせ、成形する（→p.28参照）。パイ底にフォークで穴をあけ、ラップをかけて冷蔵庫で15分ほど休ませる。

3 2 をパイが全体にきつね色になるまで空焼きする（焼ききる→p.10参照）。取り出して冷ます。

レモンカードを作る

4 鍋にバターを入れて火にかけ、溶かす（溶ければOK。あつあつにする必要はない）。

5 ボウルに卵黄と卵白を合わせ、グラニュー糖を加えて泡立て器で混ぜる。レモン汁、4 を順に加えてそのつど混ぜ、鍋に戻し入れ、弱火にかける。耐熱のゴムべらでたえず混ぜながら、とろみがついてもったりするまで加熱する。網でこしてボウルに移し、底を氷水に当てて急冷する。

6 3 のパイ皿に 5 を流し入れ、冷蔵庫で2〜3時間冷やしかためる。

スイスメレンゲを作る

7 ボウルに卵白とグラニュー糖を入れて湯せんにかけ、ゴムべらでたえず混ぜながら60℃まで温める。湯せんからはずしてハンドミキサーの高速で、つのが立ちボリュームが出るまでしっかり泡立てる（**a**）。低速に落とし、きめを整える（メレンゲが常温になればOK）。

仕上げる

8 6 に 7 をこんもりとのせ、バーナーでメレンゲに焦げめをつける（**b**、220〜230℃のオーブンで2〜3分、焦げめがつくまで焼いてもよい）。

a

b

OVENEX
EKCO
U.S.A.

深紅の生地が特徴的な「レッドベルベット」は、
南部の伝統的なケーキ。
昔は今ほどココアの品質がよくなく、加熱すると
アントシアニンが反応して赤く発色したことが
誕生のきっかけとされています。
真っ赤な生地ですが、意外にも甘さは控えめ。
ナッシュビルのパイ専門店で出合った味を再現しました。

レッド
ベルベットパイ

RED VELVET PIE

材料／上径7×底径5cmのマフィン型6個分

【パイ生地】

ベーシック（→p.6参照）……薄力粉100g分

【フィリング】

全卵……35g
ブラウンシュガー……90g
あら塩……ごく少々
食用色素（赤→p.87参照）
……付属のミニスプーン12杯
熱湯……小さじ1強
ココアパウダー（ふるう）……大さじ2
溶かしバター（食塩不使用）……35g
薄力粉（ふるう）……35g

作り方

パイ生地を作る

1 パイ生地を仕込む（→p.7～参照）。
2 **1** を台に取り出し、めん棒を転がして3mm厚さにのばす。直径10cm程度の抜き型で6枚抜く。
3 マフィン型の底に沿わせるようにして **2** を敷き込み（**a**）、底にフォークで5～6か所穴をあける。
4 オーブンシートを12cm角に切ってパイ生地に敷き、重石（タルトストーン）をのせる。200℃に温めたオーブンで17～18分、重石を除いてさらに3～5分、パイが軽く色づくまで焼く。

フィリングを作る

5 小さなボウルに食用色素を入れ、分量の熱湯を加えて混ぜる。
6 ボウルに全卵、ブラウンシュガー、あら塩を入れ、湯せんにかけて温めながらハンドミキサーの高速で白っぽくもったりとするまで泡立てる。
7 **5** とココアパウダーを加え、ハンドミキサーの低速でダマにならないように混ぜる。ゴムべらに持ちかえ、溶かしバター、薄力粉を順に加えてそのつど混ぜる。
8 **4** のパイに **7** を流し入れる。

焼成

9 天板ごと170℃に温めたオーブンで20～25分焼く。

a

No3

フロリダではどのレストランでも
見かけるというキーライムパイ。
州の公式パイにもなっているほど人気のデザートです。
本場では、小ぶりで酸味の強い「キーライム」で
作られますが、今回はライムを使って。
フィリングを冷やしかためるノーベイクスタイルで、
さわやかなレアチーズケーキのように仕上げました。

ノーベイク キーライムパイ
NO-BAKE KEY LIME PIE

材料／直径18cmのパイ皿1台分

【グラハム生地】
グラハムクラッカー……80g
溶かしバター（食塩不使用）……40g
グラニュー糖……小さじ1
牛乳……小さじ1
薄力粉……小さじ1/2

【フィリング】
クリームチーズ……90g
コンデンスミルク……120g
ライム果汁……2〜3個分（60g）
生クリーム（乳脂肪分45%）……90g
ライムの皮……1〜2個分

【仕上げ用】
ホイップクリーム（→p.62参照）……80g
ライム（薄いくし形切り）……適量

作り方

グラハム生地を作る

1 グラハムクラッカーはフードプロセッサーにかけて細かく砕く。残りの材料を加えてさらに攪拌し、パイ皿に取り出してしっかり押しつける（**a**）。
2 170℃に温めたオーブンで10〜12分焼く。取り出して冷ます。

フィリングを作る

3 ボウルにクリームチーズを入れてハンドミキサーにかけ、なめらかにする。コンデンスミルクを加えてさらに混ぜ、ライム果汁を加えて混ぜる。生クリームを加え、ボウルの底を氷水に当て、もったりとしてボリュームが出るまで泡立てる。ライムの皮を削り入れ、さっと混ぜる。
4 **2** のパイ皿に**3**を流し入れ、冷蔵庫で3〜4時間冷やす。

仕上げる

5 ホイップクリームをのせ、ライムを飾る。

a

レモンラベンダーチェスパイ
LEMON LAVENDER LAYER CHESS PIE

「チェスパイ」はアメリカ南部の代表的なパイのひとつ。
レモンチェス、バターミルクチェス、
チョコチェスなどさまざまな種類があり、
いずれもコーンミールでとろみづけするのが特徴です。
今回はレモンと相性のよいラベンダーを加え、
チョコと2層のレイヤーパイに仕立ててみました。
冷蔵庫で冷やして食べるのがおすすめです。

材料／直径18cmのパイ皿1台分

【パイ生地】

ミルキー（→p.6参照）……薄力粉100g分

【ラベンダーガナッシュ】

製菓用チョコレート（→p.87参照）……35g
生クリーム（乳脂肪分36%）……30g
ラベンダー（乾燥→p.87参照）……小さじ1/4

【フィリング】

全卵……60g
グラニュー糖……60g
あら塩……ごく少々
レモンの皮（国産）……1/2個分
コーンミール……小さじ1/2
薄力粉……小さじ1/2
溶かしバター（食塩不使用）……40g
レモン汁……40g
牛乳……20g
ラベンダー（乾燥）……小さじ1/2

作り方

パイ生地を作る

1 パイ生地を仕込む（→p.7～参照）。
2 **1** を台に取り出し、めん棒を転がして直径24～26cmに丸くのばし、パイ皿に敷き込む（→p.9参照）。はみ出た生地は外側に折り込んでパイ皿のふちにのせ、成形する（→p.28参照）。パイ底にフォークで穴をあけ、ラップをかけて冷蔵庫で15分ほど休ませる。
3 **2** をパイ底がうっすら色づくまで空焼きする（→p.10参照）。

ラベンダーガナッシュを作る

4 鍋に生クリームとラベンダーを入れて火にかける。鍋肌がふつふつしてきたら火を止め、ふたをして5分おく。
5 チョコレートはボウルに入れ、湯せんにかけて溶かす（溶ければOK。あつあつにしない）。
6 **5** に **4** をこして入れ（**a**）、ゴムべらで静かに混ぜてなじませる（**b**）。

成形

7 **3** のパイ皿に **6** を流し入れて平らにならし、冷蔵庫で冷やしかためる。

フィリングを作る

8 ボウルに全卵、グラニュー糖、あら塩を合わせ、レモンの皮を削り入れてゴムべらで混ぜる。コーンミールと薄力粉を加えて混ぜ、溶かしバターを加える。レモン汁、牛乳、ラベンダーを加えて混ぜる。
・少しおくとボウルの底に溶け残った砂糖が沈んでたまるので、1～2分おいては混ぜ、完全に溶かす。
9 **7** に **8** を静かに流し入れる（**c**）。

焼成

10 天板ごと180℃に温めたオーブンで23～25分焼く。

a

b

c

アメリカのアーミッシュ(ドイツ系移民を主とするキリスト教の一派)に伝わる素朴なパイ。
モラセスという黒い糖蜜をたっぷり使った甘いフィリングに、さらさらのクラムトッピングをたっぷりふって焼き上げます。
そのあまりのおいしさに寄ってくるハエを、「シューッ」と追い払う音からこの名がついたと言われています。

シューフライパイ

SHOOFLY PIE

材料/直径18cmのパイ皿1台分

【パイ生地】

ミルキー(→p.6参照)……薄力粉100g分

【クラムトッピング】

薄力粉……70g

ブラウンシュガー……40g

あら塩……ごく少々

バター(食塩不使用)……15g

【フィリング】

ベーキングソーダ(重曹)……小さじ1/2

熱湯……70g

モラセス(フルフレーバー→p.87参照)……90g

全卵……35g

作り方

パイ生地を作る

1 パイ生地を仕込む(→p.7〜参照)。

2 **1** を台に取り出し、めん棒を転がして直径24〜26cmに丸くのばし、パイ皿に敷き込む(→p.9参照)。はみ出た生地は外側に折り込んでパイ皿のふちにのせ、成形する(→p.28参照)。パイ底にフォークで穴をあけ、ラップをかけて冷蔵庫で15分ほど休ませる。

3 **2** をパイ底がうっすら色づくまで空焼きする(→p.10参照)。取り出してはけで溶き卵(分量外。フィリング作りで余ったものでよい)を薄く塗り、さらに180℃で8〜10分焼く。

・フィリングがとろみのない液体状なので、溶き卵を塗って膜を作る。

クラムトッピングを作る

4 ボウルに薄力粉、ブラウンシュガー、あら塩を合わせる。冷たいバターを加え、指先ですり合わせ、さらさらのパルメザン状にする(**a**)。

フィリングを作る

5 ボウルにベーキングソーダを入れて分量の熱湯を注ぎ、モラセスを加えて混ぜ溶かす。全卵を加えて混ぜる。

6 **3** のパイ皿に **5** を流し入れ、**4** をまんべんなくふる。

焼成

7 天板ごと180℃に温めたオーブンで35〜40分焼く。

・中央がふくらみ、揺らしてみて、中央部分が揺れなければ焼き上がり。

a

ニューヨークのベーカリーでも
「Matcha」は大人気。抹茶の豊かな香りと
うまみ、ほろ苦さを楽しめます。

抹茶 カスタードパイ
MATCHA CUSTARD PIE

材料／直径18cmのパイ皿1台分

【パイ生地】

ベーシック（→p.6参照）……薄力粉80g分

【フィリング】

グラニュー糖……50〜60g
薄力粉……小さじ1/2
抹茶（粉末）……小さじ2
生クリーム（乳脂肪分45%）……120g
卵黄……30g
卵白……30g

作り方

パイ生地を作る

1 パイ生地を仕込む（→p.7〜参照）。
2 **1** を台に取り出し、めん棒を転がして直径24〜26cmに丸くのばし、パイ皿に敷き込む（→p.9参照）。はみ出た生地は外側に折り込んでパイ皿のふちにのせ、成形する（→p.28参照）。パイ底にフォークで穴をあけ、ラップをかけて冷蔵庫で15分ほど休ませる。
3 **2** をパイ底がうっすら色づくまで空焼きする（→p.10参照）。

フィリングを作る

4 ボウルにグラニュー糖、薄力粉、抹茶を入れて泡立て器でよく混ぜる。中央にくぼみを作り、生クリーム、卵黄、卵白を加え、泡立て器で泡立たないよう静かに混ぜ、だまをなくす。
5 **3** のパイ皿に **4** を流し入れる。

焼成

6 天板ごと170℃に温めたオーブンで28〜32分焼く。
・揺らしてみて、全体がぷるんと揺れればOK。
・あら熱をとり、冷蔵庫で冷やすとおいしい。好みで抹茶（分量外）をふる。

香ばしいごまの風味に、
やさしいはちみつの甘さ。
ねっとり濃厚な、あとを引くおいしさです。

黒ごまハニーパイ
BLACK SESAME HONEY PIE

材料／直径18cmのパイ皿1台分

【パイ生地】

ベーシック（→p.6参照）……薄力粉80g分

【フィリング】

黒ごまペースト……25g
全卵……60g
あら塩……ごく少々
はちみつ……55g
薄力粉……小さじ3/4
生クリーム（乳脂肪分45%）……60g
溶かしバター（食塩不使用）……25g
黒いりごま……15g

作り方

パイ生地を作る

1「抹茶カスタードパイ」（左記）の作り方 **1** 〜 **3** と同様にパイ生地を作り、空焼きする。

フィリングを作る

2 ボウルに黒ごまペースト、全卵、あら塩、はちみつ、薄力粉を入れて泡立て器でよく混ぜる。生クリームを加えて混ぜ、最後に溶かしバターと黒ごまを加える。
3 **1** のパイ皿に **2** を流し入れる。

焼成

4 天板ごと170℃に温めたオーブンで25〜30分焼く。
・揺らしてみて、全体がぷるんと揺れればOK。
・あら熱をとり、冷蔵庫で冷やすとおいしい。好みできな粉（分量外）をふる。

パイに合うホイップとソース

column

甘いパイに、さらにホイップやソースを!?　と驚かれるかもしれませんが、
アメリカ人はホイップやソースをトッピングするのが大好き！
そして、味わいが重なると、やはり抜群においしくなるんです。

基本のホイップクリーム

生クリーム（乳脂肪分45%）80〜120gに対し、8〜10%のグラニュー糖を加えて七〜八分立てにする。好みで、グラニュー糖をブラウンシュガーにかえても。軽い口当たりにしたいときは生クリームを乳脂肪分45%と36%のものを半量ずつにするとよい。

・ノーベイクキーライムパイ（→p.54）、チョコシルクパイ（→p.70）、ファンフェッティ アイスクリームパイ（→p.72）などに

バーボン入り ホイップクリーム

生クリーム（乳脂肪分45%）100gにグラニュー15g、バーボンウィスキー小さじ1〜大さじ1/2を加えて泡立てる。

・パイナップルアップサイドダウンパイ（→p.42）に

チョコレートソース

鍋にココアパウダー大さじ2、グラニュー糖大さじ2を入れて泡立て器でよく混ぜ、水大さじ2を加えて混ぜる。弱火にかけ、グラニュー糖を煮溶かし、軽く沸騰したら火を止めて冷ます。

・メープルピーカンパイ（→p.66）に

サワークリーム入り キャラメルソース

鍋にグラニュー60gを入れて中火にかける。グラニュー糖が溶けてキャラメル色になったら火からおろし、生クリーム（乳脂肪分45%）50gを2〜3回に分けて加え、そのつどよく混ぜる。サワークリーム20gを加えて混ぜる（温度差でキャラメルがかたまるようなら、弱火にかけて煮溶かす）。網でこし、冷ます。

・サワークリームアップルパイ（→p.17）と好相性

ラズベリーソース

耐熱ボウルに冷凍ラズベリー50gとグラニュー糖10gを合わせ、電子レンジ（600W）に10〜20秒ずつ数回かける。水分が出たら鍋に移して弱火にかけ、軽く沸騰したら火を止めて冷ます。

・バナナ&ストロベリープディングパイ（→p.32）、抹茶カスタードパイ（→p.60）、黒ごまハニーパイ（→p.60）と好相性

イベントを盛り上げる季節のパイ

4

アメリカでは、パンプキンパイ、ピーカンパイ、
アップルパイがホリデーシーズンの定番。
パイは、季節のイベントに欠かせないデザートなんです。
バレンタインデーや誕生日にも、ぜひパイを！
ひと味ちがうチョコレートのパイに、遊び心たっぷりのアイスクリームパイ。
どちらも、きっと喜ばれることまちがいなしです。

SEASON

パンプキンパイ
PUMPKIN PIE

アメリカでは、11月の第4木曜日はサンクスギビングの祝日。
収穫を祝う感謝祭で、家族が集まり、夕食をともにするのが
習慣です。このサンクスギビングのディナーと
切っても切れない関係にあるのがパンプキンパイ。
スパイスを効かせたクリーミーな
かぼちゃペーストを流して焼き上げます。
リーフパイを添えて、秋らしいデコレーションに。

材料／直径18cmのパイ皿1台分

【パイ生地】

ミルキー（→p.6参照）……薄力粉100g分

【フィリング】

かぼちゃ（皮と種、わたを除く）……正味200g

A
- ブラウンシュガー……35g
- グラニュー糖……12g
- あら塩……小さじ1/8
- 全卵……60g
- シナモンパウダー……小さじ1/4
- ジンジャーパウダー……小さじ1/8
- ナツメグパウダー……小さじ1/8
- クローブパウダー……2〜3ふり

生クリーム（乳脂肪分36%）……95g

ケシの実（白・黒）……各適量

パンプキンシードキャラメル

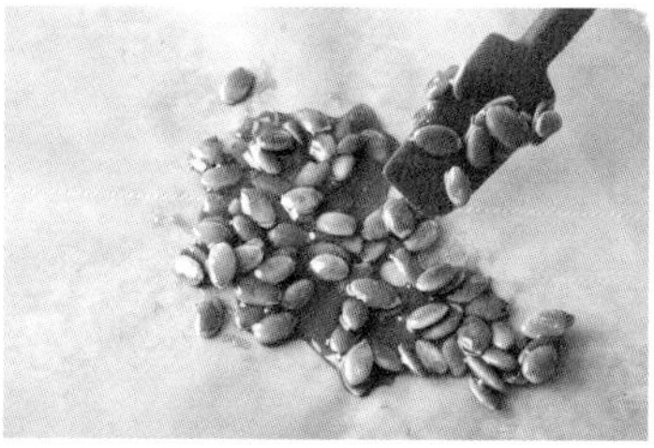

1 鍋にグラニュー糖25gを入れて耐熱のゴムべらで混ぜながら火にかけ、全体がキャラメル色になったら火を止める。

2 かぼちゃの種（ローストしたもの）15gにシナモンパウダー少々をふり、**1** に加えてなじませる。

3 オーブンシートに広げて冷ます。

・湿気を吸いやすいので、乾燥剤を入れた密閉容器で保存する。

作り方

パイ生地を作る

1 パイ生地を仕込む（→p.7〜参照）。

2 **1** を計量して160g分取り分け、めん棒を転がして直径24〜26cmに丸くのばし、パイ皿に敷き込む（→p.9参照）。はみ出た生地は外側に折り込んでパイ皿のふちにのせ、成形する（→p.28参照）。パイ底にフォークで穴をあけ、ラップをかけて冷蔵庫で15分ほど休ませる。

3 残りの生地（50gほど）は2mm厚さにのばし、ケシの実をふってめん棒で軽くおさえる。ナイフで葉形に切り、葉脈に見立てて切り目を入れる（**a**）。

4 **2** をパイ底がうっすら色づくまで空焼きする（→p.10参照）。

5 **3** のリーフパイは190℃に温めたオーブンで10分ほど焼く。

・ラップの芯にアルミホイルとオーブンシートを巻き、リーフパイをのせて焼くと、表情が出る（**b**）。

フィリングを作る

6 かぼちゃは3〜4cm角に切る。耐熱ボウルに入れてラップをかけ、電子レンジ（500W）で3分30秒加熱し、全体を混ぜてさらに1分30秒加熱する。やわらかくなったらフォークでざっとつぶしてから網でこし、ボウルに戻して冷ます（155gほどになる）。

7 **6** のボウルにAを一度に加え、泡立て器でよく混ぜる。生クリームを加えて混ぜる。

8 **4** のパイ皿に **7** を流し入れる。

焼成

9 天板ごと170℃に温めたオーブンで30分ほど焼く。

・揺らしてみて、全体がぷるんと揺れればOK。

10 取り出して冷まし、**5** と、好みでパンプキンシードキャラメル（左記）を飾る。

a

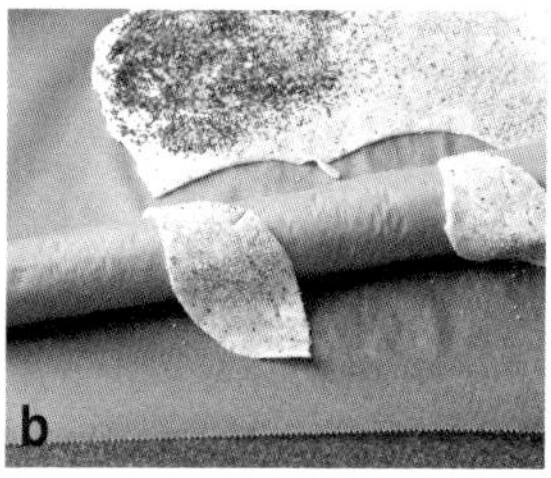

b

アメリカ南部で愛されているピーカンパイは、
感謝祭やクリスマスの定番デザート。
混ぜて焼くだけの手軽さも、人気の理由です。
ねっとり甘いフィリングは、
本場ではコーンシロップで作りますが、
ここではメープルシロップを使って風味よく仕上げました。
少量の酢は、味の引き締め役。甘さをおさえてくれます。

メープル ピーカンパイ

MAPLE PECAN PIE

作り方

パイ生地を作る

1 パイ生地を仕込む(→p.7〜参照)。

2 1 を台に取り出し、めん棒を転がして直径24〜26cmに丸くのばし、パイ皿に敷き込む(→p.9参照)。はみ出た生地は外側に折り込んでパイ皿のふちにのせ、成形する(→p.28参照)。パイ底にフォークで穴をあけ、ラップをかけて冷蔵庫で15分ほど休ませる。

3 2 をパイ底がうっすら色づくまで空焼きする(→p.10参照)。

フィリングを作る

4 ピーカンナッツは170℃のオーブンで8〜10分ローストし、あらく砕く。

5 ボウルに全卵、ブラウンシュガー、あら塩を入れて泡立て器で混ぜ、メープルシロップ、溶かしバター、酢を順に加えてそのつど混ぜる。4 を加えて混ぜる。

6 3 のパイ皿に 5 を流し入れる。

焼成

7 天板ごと180℃に温めたオーブンで10分、170℃に下げて15〜18分焼く。

8 取り出して冷まし、好みでホイップクリームをのせ、チョコレートソースをかける。

材料／直径18cmのパイ皿1台分

【パイ生地】

ミルキー（→p.6参照）……薄力粉100g分

【フィリング】

ピーカンナッツ……65g

全卵……60g

ブラウンシュガー……25g

あら塩……小さじ1/8

メープルシロップ……100g

溶かしバター……35g

酢……小さじ1/8

【仕上げ用】

ホイップクリーム

（→p.62参照）……適宜

チョコレートソース

（→p.62参照）……適宜

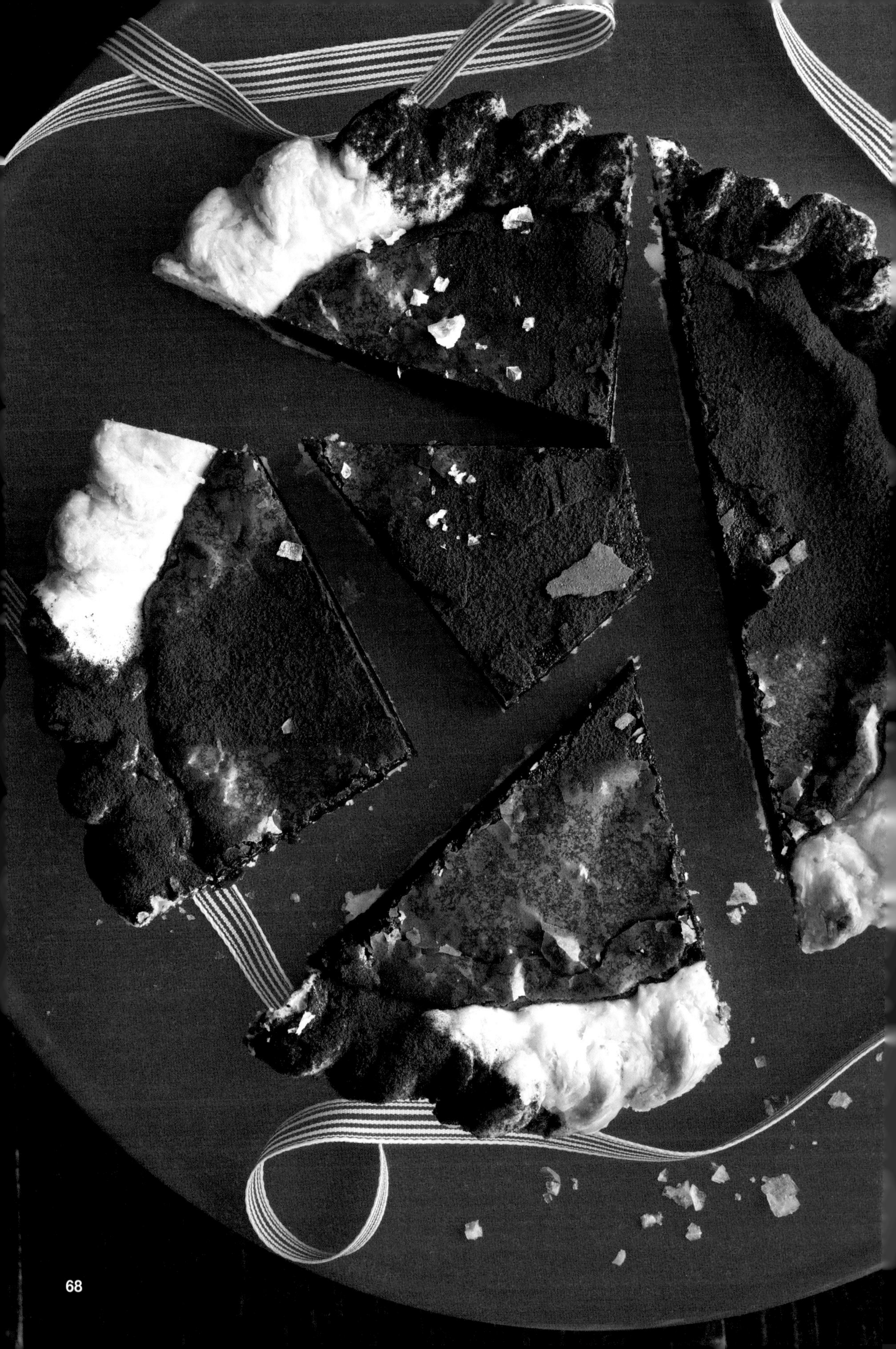

ねっとり濃厚なチョコファッジを焼き込んだパイ。
これはぜひ、ヴァローナの「カラク」という
チョコレートを使ってください。
常温で食べてもおいしいし、しっかり冷やせば
生チョコレートのような食感に。甘さの中に、
シナモンの香りとピリッと唐辛子のアクセント。
大人のバレンタインにぴったりの一品です。

メキシカン チョコファッジパイ

MEXICAN CHOCO FUDGE PIE

材料／直径18㎝のパイ皿1台分

【パイ生地】

ベーシック（→p.6参照）……薄力粉80g分

【フィリング】

全卵……50g
グラニュー糖……50g
あら塩……ごく少々
溶かしバター（食塩不使用）……50g
薄力粉……小さじ2
製菓用チョコレート（→p.87参照）……100g
シナモンパウダー（→p.87参照）……小さじ1/8
カイエンヌペッパー……少々

【仕上げ用】

ココアパウダー・マルドンの塩（→p.87参照）……各適宜

作り方

パイ生地を作る

1 パイ生地を仕込む（→p.7〜参照）。

2 **1** を台に取り出し、めん棒を転がして直径24〜26㎝に丸くのばし、パイ皿に敷き込む（→p.9参照）。はみ出た生地は外側に折り込んでパイ皿のふちにのせ、成形する（→p.28参照）。パイ底にフォークで穴をあけ、ラップをかけて冷蔵庫で15分ほど休ませる。

3 **2** をパイ底がうっすら色づくまで空焼きする（→p.10参照）。

フィリングを作る

4 チョコレートはボウルに入れ、湯せんにかけて溶かす。

5 別のボウルに全卵、グラニュー糖、あら塩を入れて泡立て器で混ぜる。溶かしバター、薄力粉、**4** を順に加え、そのつど混ぜる。最後にスパイス類を加えて混ぜ、味を見る。

6 **3** のパイ皿に **5** を流し入れる。

焼成

7 天板ごと180℃に温めたオーブンで10分、170℃に下げて15〜20分焼く。

・フィリングがふくらんで割れ、薄い透明の膜ができたら焼き上がり。

8 取り出してあら熱をとり、好みでココアパウダーとマルドンの塩をふる。

・冷蔵庫で冷やしてもおいしい。

チョコシルクパイ
CHOCOLATE SILK PIE

おうちで過ごすバレンタインにぴったりの
チョコムースパイ。
名前のとおり、絹のような口どけです。
ムースのメレンゲは、
卵黄やチョコレートを加えると
気泡がつぶれやすいので、
最初にしっかりつのが立つまで
泡立てておきましょう。
トッピングは、ポップコーンや
プレッツェルなどで自由に！

材料／上径7×底径5㎝のマフィン型6個分

【パイ生地】

ベーシック（→p.6参照）……薄力粉100g分

製菓用チョコレート（→p.87参照）……20g

【フィリング（ムース）】

製菓用チョコレート……100g

バター（食塩不使用）……80g

卵黄……2個

卵白……2個分

グラニュー糖……小さじ2

あら塩……ごく少々

【仕上げ用】

ホイップクリーム（→p.62参照）……100〜120g

プレッツェル・ポップコーン・チョコレート（削る）・
アメリカンチェリー……各適宜

a

b

作り方

パイ生地を作る

1 パイ生地を仕込む（→p.7〜参照）。

2 **1** を台に取り出し、めん棒を転がして3㎜厚さにのばす。直径10㎝程度の抜き型で6枚抜く。

3 マフィン型の底に沿わせるようにして **2** を敷き込み（**a**）、パイ底にフォークで5〜6か所穴をあける。

4 オーブンシートを12㎝角に切ってパイ生地に敷き、重石（タルトストーン）をのせる。200℃に温めたオーブンで17〜18分、重石を除いてさらに5〜8分、パイが全体にきつね色になるまで焼く（焼ききる）。取り出して冷ます。

5 チョコレートをボウルに入れ、湯せんにかけて溶かし、はけで **4** の内側に塗る。冷蔵庫で冷やす。

フィリングを作る

6 ボウルにチョコレートとバターを入れ、湯せんにかけて溶かす（溶ければOK。あつあつにはしないこと）。

7 別のボウルに卵白とグラニュー糖、あら塩を入れてハンドミキサーの高速で泡立て、しっかりとしたメレンゲを作る（つのが立つくらいが目安、**b**）。

8 卵黄を加え、泡立て器でムラなく混ぜる。

9 **6** に **8** をひとすくい加えてなじませ、**8** のボウルに戻し入れてゴムべらで混ぜる。スプーンですくって **5** に入れ、冷蔵庫で1時間30分以上冷やしかためる。

・ムースは、数回に分けて高さを出すように入れるとよい。

成形

10 **9** にホイップクリームをのせ、好みでプレッツェルやポップコーン、チョコレート、チェリーなどを飾る。

・ムースに生卵を使っているので冷蔵庫で保存し、その日のうちに食べきること。

カラフルなスプリンクルをちりばめた、
楽しさいっぱいのアイスパイ。
誕生日にこんなパイが出てきたら、誰もが笑顔に！
アイスクリームは混ぜて冷やしかためるだけですが、
塩をひとつまみ入れるのがポイントです。
シュガーコーンを使った生地は、郷愁を誘う味。

ファンフェッティ アイスクリームパイ

FUNFETTI WAFFLE CONE ICE CREAM PIE

材料／直径18㎝のパイ皿1台分

【アイスコーン生地】
シュガーコーン（→p.87参照）……70g（1箱分）
溶かしバター（食塩不使用）……35g
グラニュー糖……小さじ1
牛乳……小さじ1
薄力粉……小さじ1/2

【アイスクリーム】
生クリーム（乳脂肪分45%）……180g
A
- コンデンスミルク……120g
- 牛乳……20g
- バニラビーンズ……少々
- あら塩……小さじ1/8

スプリンクル（→p.87参照）……15g

【クランブル】
薄力粉……30g
グラニュー糖……18g
あら塩……ごく少々
バター（食塩不使用）……15g
スプリンクル……5g

【仕上げ用】
ホイップクリーム（→p.62参照）……80g

作り方

アイスコーン生地を作る

1 シュガーコーンはフードプロセッサーにかけて細かく砕く。残りの材料を加えてさらに攪拌し、パイ皿に取り出してしっかり押しつける。
2 170℃に温めたオーブンで10～12分焼く。取り出して冷ます。

アイスクリームを作る

3 ボウルに生クリームを入れ、底を氷水に当てながらハンドミキサーの高速でしっかり泡立てる。Aを順に加えてさらに混ぜ、スプリンクルの半量を加えてゴムべらでさっくり混ぜる（**a**）。
4 **2** に流し入れ、残りのスプリンクルをふり（**b**）、冷凍庫で半日ほど冷やしかためる。

クランブルを作る

5 ボウルに薄力粉、グラニュー糖、あら塩、バターを入れて指ですり合わせ、そぼろ状にする。スプリンクルを加えて混ぜ、軽くにぎって1～2㎝角のかたまりにする（**c**）。
6 オーブンシートを敷いた天板に広げ、170℃に温めたオーブンで12分焼き、取り出して冷ます（途中で一度、全体をかき混ぜる）。

組み立てる

7 **4** にホイップクリームをこんもりとのせ、**6** を散らす。好みでシュガーコーンの飾り（下記）をのせる。

> **シュガーコーンの飾り**
> 製菓用チョコレート適量を湯せんにかけて溶かし、シュガーコーンのふちにつけ、スプリンクル少々をまぶしつける（いずれも分量外）。冷蔵庫で冷やしかためる。

a

b

c

パイを贈る

column

「just baked!」のレッスンでは、焼き上がったパイをブリキのパイ皿ごとお持ち帰りいただくのですが、これが生徒さんにとても好評。
持ち運んでもくずれにくく、パイ皿も再利用できます。
誰かにプレゼントするなら、少しだけおめかししてみてはいかがでしょうか。

クラフト紙でできたボックスに入れて。中にオーブンシートやワックスペーパーを敷いておくと、油分がしみません。ボックスは梱包材店や製菓材料店、100円ショップなどで購入できます。

昔からアメリカのパン屋さんで使われてきた「ベーカーズトワイン（Baker's Twine）」というコットンのひもをかけて。ボストンのベーカリーを訪れたとき、贈りものではない自分用のお菓子の箱にもグルグルッと巻いてくれました。カラフルな色合いがかわいい。

・特に夏場は、保冷剤や保冷バッグを使い、長時間持ち歩かないようにしてください。

食事になるセイボリーなパイ

5

セイボリーとは「塩けのある」の意味。ここでは、食事になる
甘くないパイをご紹介します。アメリカの家庭で親しまれている
チキンポットパイやトマトパイをはじめ、
野菜や肉、チーズを使ったフィリングはボリューム満点。
朝ごはんや軽食にはもちろん、人が集まるときにもおすすめです。

SAVORY

ベーコンエッグにオニオンソテー、マッシュルーム。
朝ごはんにぴったりの具を、贅沢にパイに焼き込みました。
好みで、仕上げにレモンの皮やパルメザンチーズをふっても。
天板に玉ねぎを並べ、パイ生地をかぶせて焼き、
ひっくり返す"アップサイドダウン"の方法は、
最近の流行です。

ブレックファスト パイ

BREAKFAST PIE

材料／2人分

【パイ生地】

ミルキー（→p.6参照）……薄力粉100g分

【具材】

玉ねぎ（8㎜厚さの輪切り）……4切れ
オリーブ油……小さじ2
バルサミコ酢……小さじ1
ブラウンマッシュルーム……3～4個
A ┌ オリーブ油……小さじ1
　 │ ウスターソース……小さじ1/2
　 └ 粗びき黒こしょう……適量
ベーコン（厚切り）……2枚
卵……2個
あら塩……少々

作り方

パイ生地を作る

1 パイ生地を仕込む（→p.7～参照）。
2 **1** を2分割し、それぞれめん棒を転がして15×19㎝程度の長方形にのばす。端を折りたたんでふちを作り、12×15㎝大にして、フォークで7～8か所穴をあける（**a**）、ラップをかけ、冷蔵庫で休ませる。

具材を用意する

3 マッシュルームは6～8㎜厚さに切ってボウルに入れ、Aを加えてあえる。
4 天板にオーブンシートを敷き、オリーブ油とバルサミコ酢を半量ずつ垂らし、上に玉ねぎ2枚を寄せてのせる（**b**）。同様にもう1つ作る。
5 玉ねぎの上に、**2** をふちが下になるようにかぶせる（**c**）。
・作ったふちの内側に玉ねぎを入れる。

焼成

6 天板ごと200℃に温めたオーブンで20分焼く。
7 取り出して上下を返し、ふちの内側にベーコン、**3** をのせる。卵を割り入れ（**d**）、卵にあら塩をふる。
8 210℃オーブンで12～13分、卵に火が通るまで焼く。
・好みでアボカドやベビーリーフサラダなどを添える。

a

b

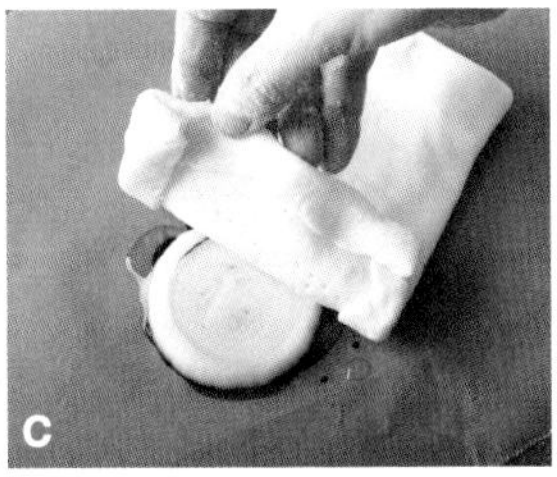
c

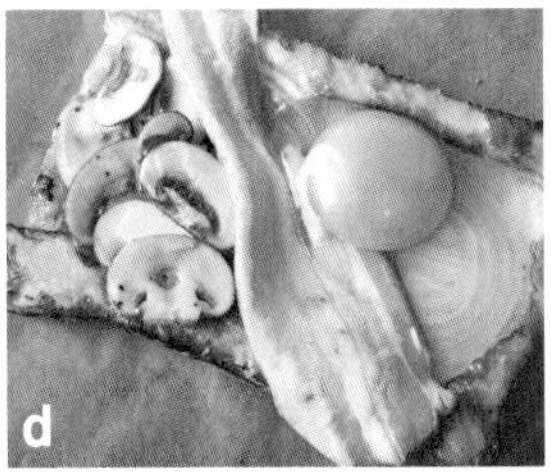
d

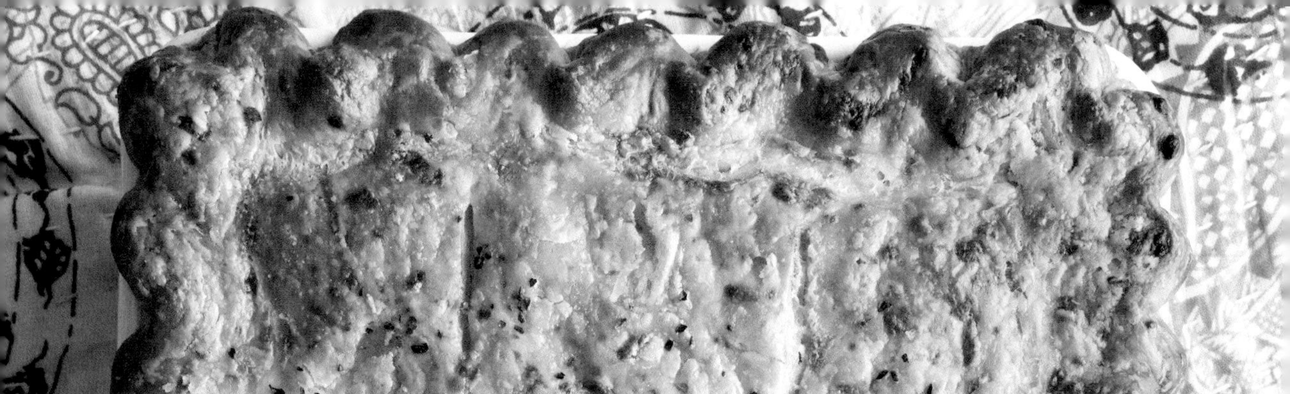

クリーミーなホワイトシチューを包んだ
アメリカの定番パイ。
デンバーのパイ専門店で味わったパイを再現しました。
フィリングはベシャメルを作らず、
生クリームで煮詰めていくだけなので手軽。
チーズの塩味が効いた生地に、
少し甘めのフィリングがよく合います。

チキンポットパイ

CHICKEN POT PIE

材料／20.5×16×高さ3cmのホーローバット（キャビネサイズ）1台分

【パイ生地】
ミルキー（→p.6参照）……薄力粉200g分
モッツァレラチーズ（シュレッドタイプ）……30g

【フィリング】
生クリーム（乳脂肪分36%）……240g ※1
鶏むね肉（皮なし）……150g
にんじん……正味120g ※2
A ┌ グラニュー糖……5g
　 └ バター（有塩）……5g
グリーンピース（冷凍）……90g ※2
セロリ……正味90g
グラニュー糖……大さじ1
あら塩……2g

【仕上げ用】
生クリーム・ドライオレガノ……各適量

※1 生クリーム（乳脂肪分45%）190g＋牛乳50gで作ってもよい。
※2 にんじん＋グリーンピースの210g分をミックスベジタブル（冷凍）にかえてもよい。

作り方

パイ生地を作る

1 パイ生地を仕込む（基本のパイ生地［→p.7～］の作り方 **5** で、バターが細かくなったらチーズを加え、あとは同様に作る）。
2 **1** を計量して270g分取り分け、めん棒を転がして22×28cmにのばし、バットに敷き込む（**a**）。残りの生地はふた用として、18×23cmの長方形にのばす。それぞれラップをかけ、冷蔵庫で休ませる。

フィリングを作る

3 鶏肉は1cm角に切る。セロリは筋を除いて1cm角に切る。
4 にんじんは1cm角に切って鍋に入れ、ひたひたの水を注ぎ、Aを加えて中火にかける。やわらかくなり、水分がなくなるまで煮る。
5 **3** 、**4** と残りのフィリングの材料を鍋に入れ、弱めの中火にかける。生クリームにとろみがつくまでときどき混ぜながら煮詰め、そのまま冷ます。

成形する

6 **2** のバットに **5** を流し入れてふたの生地をかぶせ（**b**）、端の2枚の生地を合わせて外側に折り込み、バットのふちにのせる（**c**）。ふちの生地をつまんで成形する（**d**）。
7 表面に生クリームをはけで薄く塗り、オレガノをふる。ナイフで7～8か所切り目を入れ、空気穴を作る。

焼成

8 天板ごと200℃に温めたオーブンで45～50分焼く。

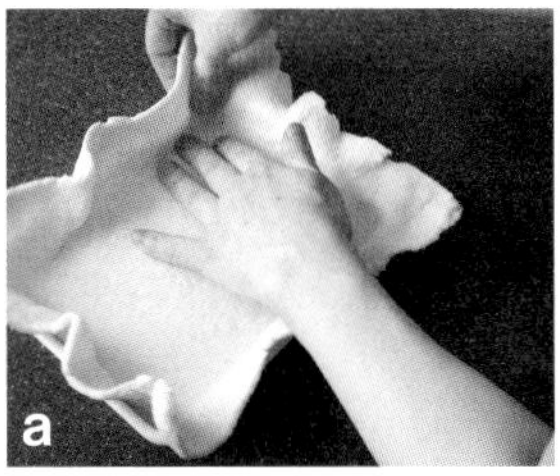
a

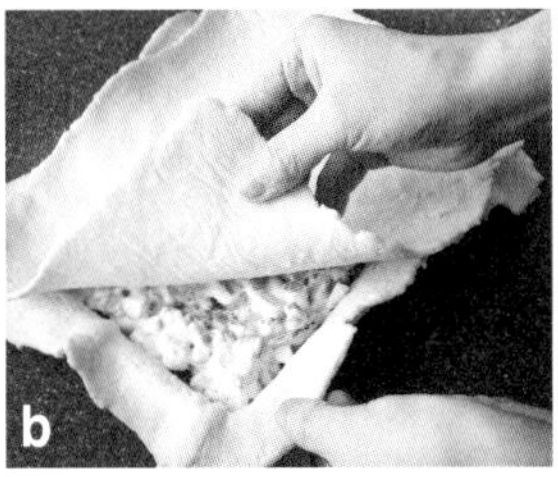
b

c

d

SOUTHERN TOMATO PIE

南部のトマトパイ

→作り方はp.82

スパナコピタパイ

→作り方はp.83

SPANAKOPITA PIE

アメリカ南部で愛されているこのパイには、
南部スタイルの甘いアイスティーを添えるのが気分。
ホイップクリームとマヨネーズ、チーズを合わせた濃厚な
フィリングにトマトのジューシーな酸味がよく合います。
バジルと小ねぎを組み合わせることで、
香りにも味わいにも奥行きが。

南部のトマトパイ
SOUTHERN TOMATO PIE

材料／直径18cmのパイ皿1台分

【パイ生地】

ミルキー（→p.6参照）……薄力粉100g分

【フィリング】

トマト……中2個
小ねぎ……15～20g
バジル……12～15枚
生クリーム（乳脂肪分45％）……70g
A ┌マヨネーズ……60g
　│粗びき黒こしょう……適量
　└カイエンヌペッパー……適量
チェダーチーズ（シュレッドタイプ）※……65g
モッツァレラチーズ（シュレッドタイプ）※……65g

※チーズはスライスタイプなら、チェダー4枚とモッツァレラ4枚をせん切りにして使う。

作り方

パイ生地を作る

1 パイ生地を仕込む（→p.7～参照）。

2 **1** を台に取り出し、めん棒を転がして直径24～26cmに丸くのばし（このとき、好みで打ち粉をコーンミールにしてもよい）、パイ皿に敷き込む（→p.9参照）。はみ出た生地は外側に折り込んでパイ皿のふちにのせ、成形する（→p.28参照）。パイ底にフォークで穴をあけ、ラップをかけて冷蔵庫で15分ほど休ませる。

3 **2** をパイ底がうっすら色づくまで空焼きする（→p.10参照）。

フィリングを作る

4 トマトは横1cm厚さの輪切りにして種を除き、キッチンペーパーで水けをおさえる（140gくらいが目安）。

5 小ねぎは小口切りにしてボウルに入れ、バジルの葉をちぎり入れ、ざっと混ぜる。

6 別のボウルに生クリームを入れ、底を氷水に当てながらハンドミキサーの高速でつのが立つまでしっかり泡立てる（**a**）。Aを加えてゴムべらでさっと混ぜ、チーズを加えて切るように混ぜ、全体になじませる。

7 **3** のパイ皿に **4**（飾り用に3～4枚とりおく）と **5** を交互に重ねて入れ（**b**）、**6** を流し入れる（**c**）。飾り用のトマトをのせる。

焼成

8 天板ごと200℃に温めたオーブンで27～30分焼く。

・焼きたてはフィリングが流れ出てしまうので、あら熱をとってから切り分ける。
・1日たつとトマトの水分でパイ底がしんなりするので早めに食べきる。または、フィリングを入れる前にパイ底に分量外のチーズを敷くとよい。

a

b

c

スパナコピタは、ギリシャ風のほうれん草パイ。
ほうれん草とリコッタチーズに、たっぷりのディルと
小ねぎを加え、香りよく仕上げます。
仕上げに塗った溶かしバターで、つやが出てコクもアップ。
ここでは編み込むような成形にしましたが、
「ルーベンパイ」(→p.84参照)と同じように、
四角く包んで焼いてもOKです。

スパナコピタパイ
SPANAKOPITA PIE

材料／6×15㎝のパイ2個分

【パイ生地】

ベーシック(→p.6参照)……薄力粉100g分

【フィリング】

ほうれん草……1束(200g)

- 玉ねぎ(みじん切り)……正味80g
- にんにく(つぶす)……1かけ
- サラダ油……適量

小ねぎ(小口切り)……20g
ディル(葉を摘む)……4本
リコッタチーズ……140g
全卵……20g
あら塩……2g
ナツメグパウダー……小さじ1/8
粗びき黒こしょう……適量

【仕上げ用】

溶かしバター……適量

作り方

パイ生地を作る

1 パイ生地を仕込む(→p.7〜参照)。
2 **1** を2分割し、それぞれめん棒を転がして20×15㎝程度の長方形にのばし、オーブンシートに横長にのせる。
3 生地の左右から7㎝のところにそれぞれ縦に印をつけ、両端から印に向かって横1.5㎝幅の短冊状に切り込みを入れる(**a**)。ラップをかけ、冷蔵庫で休ませる。

フィリングを作る

4 ほうれん草は下ゆでして水けをしっかり絞り、8㎜幅に切る(約80gになる)。
5 フライパンにサラダ油を中火で熱し、玉ねぎとにんにくを入れる。玉ねぎが透き通ってくるまで炒め、取り出して冷ます。
6 **4** 、**5** と残りのフィリングの材料をボウルに入れて混ぜる。

成形

7 **3** の中央に **6** をのせて広げ(**b**)、左右の短冊を交互に重ね、編み込むように具を包む(**c**)。表面にはけで溶き卵(分量外)を塗る。

焼成

8 天板ごと210℃に温めたオーブンで35分ほど焼く。取り出して、熱いうちに表面にはけで溶かしバターを塗る。

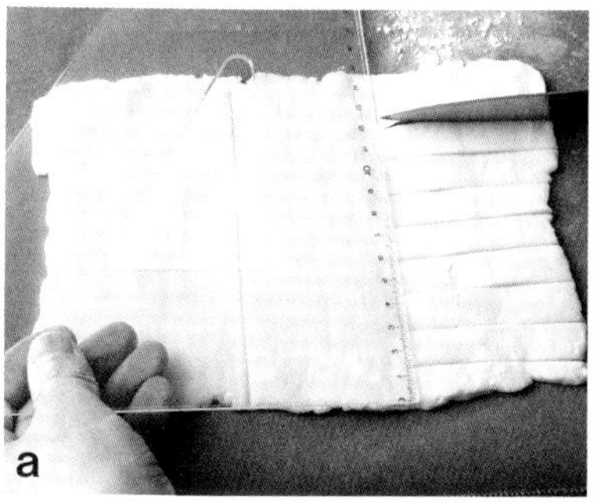
a

b

c

チーズやパストラミ、
ザワークラウトをはさんだサンドイッチを
「ルーベンサンド」と呼ぶのですが、
同じ材料をパイにしてみたらどうかなと
思いついて試してみたレシピです。
具をのせる順番もポイントで、焼きたてはチーズがとろり！
あつあつに、ドレッシングをつけながらどうぞ。

ルーベンパイ

REUBEN HAND PIE

材料／9×13cmのパイ2個分

【パイ生地】

ミルキー（→p.6参照）……薄力粉100g分

【フィリング】

簡単ザワークラウト
- キャベツ……正味150g
- あら塩……2g
- 酢……30g
- グラニュー糖……少々
- キャラウェイシード……適量

パストラミ……60g
溶けるチーズ（スライス）……4枚（60g）

【仕上げ用】

溶き卵・黒いりごま……各適量

【サウザンアイランドドレッシング】

マヨネーズ……20g
トマトケチャップ……15g
グラニュー糖……少々
玉ねぎ（みじん切り）……10g

作り方

パイ生地を作る

1 パイ生地を仕込む（→p.7～参照）。

2 **1** を2分割してそれぞれめん棒を転がし、13×18cm程度の長方形にのばしてオーブンシートにのせる。ラップをかけ、冷蔵庫で休ませる。

ザワークラウトを作る

3 キャベツは洗って水けをきり、せん切りにする。ボウルに入れ、あら塩、酢を加えてもみ込み、30分おく。

4 水けをしっかり絞り（約85gになる）、グラニュー糖とキャラウェイシードを加えて混ぜる（**a**）。

成形

5 **2** を台に取り出し、生地の右半分にチーズ、パストラミ、**4** を順に重ねてのせる（**b**）。ふちに溶き卵を塗り、左側の生地をかぶせ、しっかり貼り合わせる。薄力粉（分量外）をつけたフォークで端をしっかりおさえてとめる。

・パイをきれいな長方形に仕上げたい場合は、ナイフで端を少し切り落とすとよい。

6 上面に溶き卵を塗り、ナイフで5か所ほど切り目を入れて（**c**）、黒ごまをふる。

焼成

7 天板ごと210℃に温めたオーブンで30～35分焼く。

8 ドレッシングの材料を混ぜ合わせて添え、つけながら食べる。

a

b

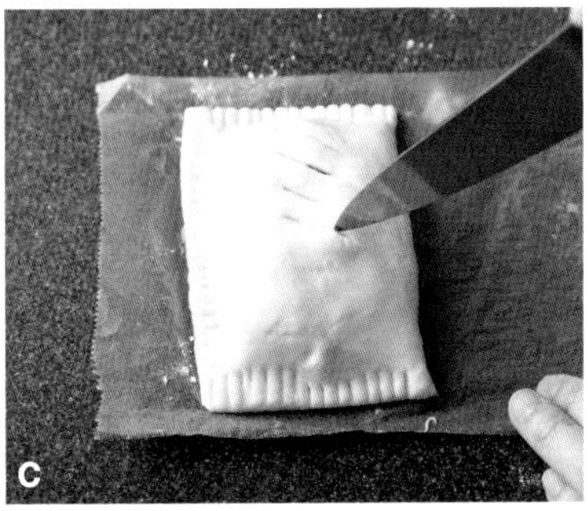
c

材料について

本書で使用したおもな材料です。
私がいつも使っているものや、選び方をご紹介します。

薄力粉

北海道産小麦100%の「ドルチェ」を使用。香りよく、粉の風味が豊かで、私はお菓子作りにはこの「ドルチェ」を愛用していますが、スーパーなどで入手しやすい薄力粉でもかまいません。打ち粉も同じ粉を使いました。

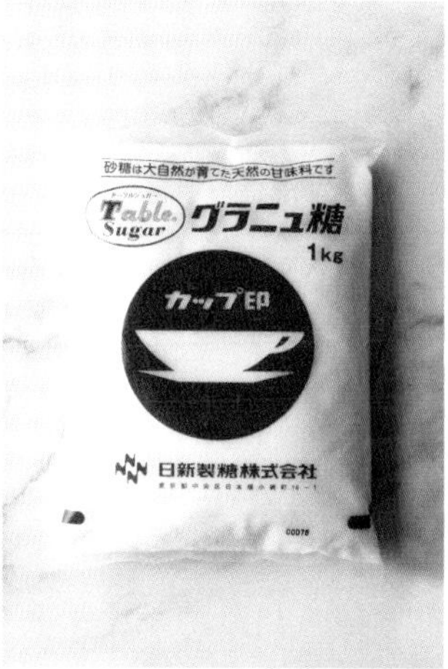

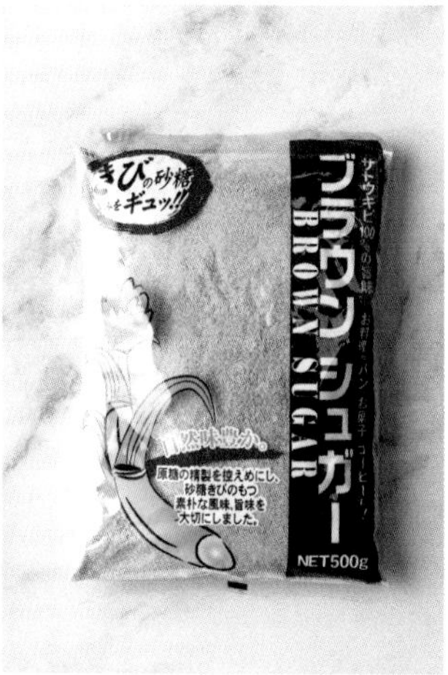

グラニュー糖とブラウンシュガー

グラニュー糖（日新製糖）はクセがなく淡泊で、さらさらとした高純度な砂糖。ブラウンシュガー（山口製糖）は、サトウキビの素朴な風味やうまみを生かした精製度の低い砂糖。素材の風味を生かしてすっきり仕上げたいときはグラニュー糖、コクを出したいときはブラウンシュガー、と使い分けているので、できれば置きかえせずに作ってみてください。

あら塩

「赤穂の天塩」を使用しました。海水中のにがり成分を含んだしっとりとした塩で、複雑なうまみとまろやかな味わいがあります。さらさらとした精製塩に置きかえると塩味が変わってしまうので、違う塩を使う場合は量の調整が必要です。

バター

おもに食塩不使用のものを使用しています。私は、クリーミーでミルク感があり、やさしい風味の「カルピスバター」を愛用。パイ生地にたっぷり使ってもクセがなく、ほかの素材のおいしさを引き立ててくれます。

牛乳

パイ生地［ミルキー］を作るときに、水の代わりに使用します。好みのメーカーのものでかまいませんが、成分無調整の牛乳を使ってください。

酢

パイ生地［ミルキー］を作るときに使用。酢を加えることで薄力粉のグルテンが断ち切られ、サクッとした仕上がりになります。少量なので酸味は感じられませんが、私はまろやかな酸味の「千鳥酢」を料理にも愛用しています。

シュガーコーン

パリパリとかたい食感のアイスクリーム用コーン。「ファンフェッティ アイスクリームパイ(→p.72)の土台に砕いて使用しました。写真は、ニッセイの「シュガーコーン」。スーパーのアイスクリーム売り場などで購入できます。

スプリンクル

アメリカらしいカラフルなデコレーションシュガー。製菓材料店やインターネットで購入できます。写真は「NUT2deco(ナッツデコ)」というショップで購入した、アメリカ製のもの。色も形もさまざまなので、好みのものを選んでください。

製菓用チョコレート

本書ではヴァローナの「カラク」(カカオ分56%)を使用。甘みと苦み、酸味のバランスがよく、ナッツのような香ばしさがあります。フェーブ型でムラなく手早く溶けるのも◎。ほかのメーカーのもので作る場合も、カカオ分50〜60%のものを選んでください。

マルドンの塩

イギリス・マルドンで生産される海水塩。薄くもろいフレーク状で、まろやかなうまみとすっきりとしたあと味です。「塩キャラメルアップルパイ(→p.20)」のキャラメルソースにはこの塩がぴったり。あら塩で代用する場合は、半量を目安に減らしてください。

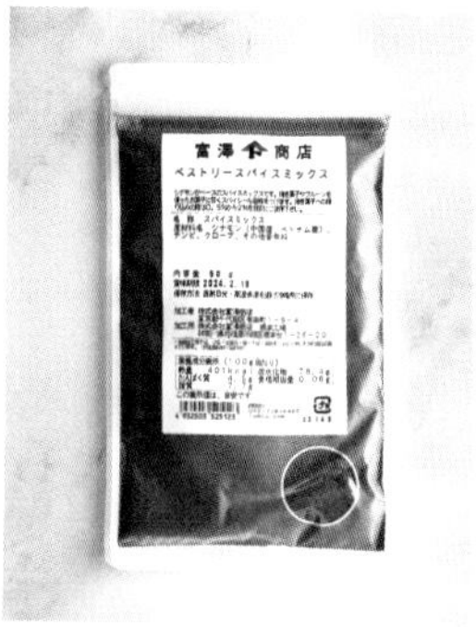

ペストリー
スパイスミックス

シナモン、クローブ、ナツメグなどをブレンドしたスパイスミックス。甘くスパイシーな風味で、「塩キャラメルアップルパイ(→p.20)」をはじめとするアップルパイや、焼き菓子の生地に使われます。写真は、富澤商店のもの。

トッピングシュガー

デコレーション用の砂糖。通常のグラニュー糖よりも大粒で、仕上げにふって焼くと、ザクッ、カリッとした食感を楽しめます。本書ではcottaの「クリスタルシュガー」を使いました。

シナモンパウダー

私は、アメリカ菓子にはベトナム産のシナモン(カシア)、フランス菓子にはセイロンシナモンと使い分けていますが、お好みで。ベトナム産のシナモンは日本だと入手しづらいのですが(インターネットで購入可能)、香りが甘く、どこかなつかしい家庭っぽさが感じられます。

ラベンダー

ハーブティー用にラベンダーのつぼみを乾燥させたもの。繊細でやさしい香りときれいな紫色が特徴です。レモンと相性がよいので、「レモンラベンダーチェスパイ(→p.56)」の香りづけに。ハーブ専門店や製菓材料店で購入可能。

モラセス

サトウキビの汁を煮詰めて精製した糖蜜。フルフレーバーとマイルドフレーバーがあり、フルのほうが風味が強く濃厚で、甘さ控えめです。ジンジャークッキーなどの風味づけに使用されます。本書では「シューフライパイ(→p.58)」に使用しました。

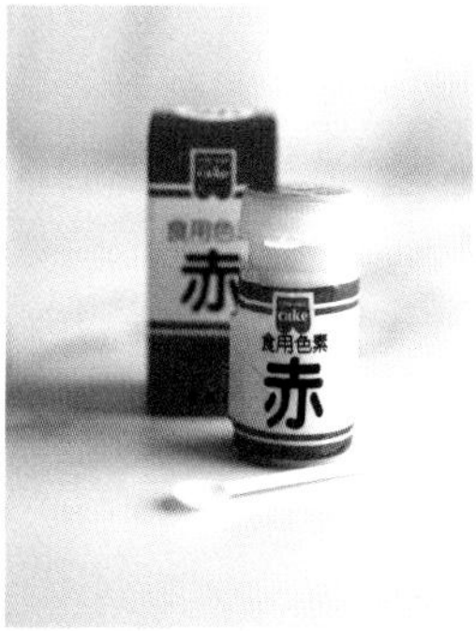

食用色素(赤)

少量で色鮮やかに仕上がる食用色粉。付属のミニスプーンを使い、少量を熱湯で溶いて使用します。「レッドベルベットパイ(→p.52)」の色づけに。スーパーや製菓材料店で購入できます。

デザイン／川崎洋子
撮影／ローラン麻奈
スタイリング／ローラン麻奈　中村紫乃
製菓アシスタント／布施律子　松尾麻起子
校閲／滄流社
取材・編集／山村奈央子

アメリカンベーキング教室

「just baked!」の
アメリカンパイ

著　者／中村紫乃
編集人／足立昭子
発行人／倉次辰男
発行所／株式会社主婦と生活社
〒104-8357　東京都中央区京橋3-5-7
tel:03-3563-5321（編集部）
tel:03-3563-5121（販売部）
tel:03-3563-5125（生産部）
https://www.shufu.co.jp
ryourinohon@mb.shufu.co.jp
印刷所／TOPPAN株式会社
製本所／共同製本株式会社
ISBN978-4-391-16054-3

中村紫乃
Shino Nakamura

アメリカンベーキング教室「just baked!」主宰。東京都港区に三代続くフランス料理店に生まれる。大学卒業後、企業勤務を経てル・コルドン・ブルー東京校で学び、「ダロワイヨジャポン」「パティスリー・マディ代官山」などでフランス菓子職人として修業。自宅でフランス菓子教室をスタートさせるが、ひょんなことから「家庭にある材料で気軽に作れ」「理にかなったレシピで」「毎日食べても飽きない」アメリカ菓子に夢中に。アメリカを旅して200軒以上のベーカリーに足を運び、2008年よりアメリカンベーキング教室にリニューアル。おおらかなアメリカ菓子の魅力を、職人として培ったテクニックとともに伝えている。

Instagram　@justbaked2008
https://justbaked2008.wixsite.com/justbaked